NINA FRIEDRICH

NINAS ZAUBERHAFTER DISNEYLAND® PARIS REISEFÜHRER

DER UNABHÄNGIGE WEGWEISER FÜR MENSCHEN UND MÄUSE NACH DISNEYLAND® PARIS

Danksagung

Nach der Veröffentlichung der ersten Auflage habe ich viel Lob und positives Feedback bekommen – hierfür möchte ich mich bei meinen Leserinnen und Lesern bedanken. Einige dieser Ideen sind in den vorliegenden Reiseführer eingeflossen.

Besonders bedanken möchte ich mich bei Jasmin Fuchs, Jennifer Fuchs, Steffen Liebscher und Jens Romeiser, die diesen Reiseführer als Models, mit Fotos oder Grafiken und Antworten bei Rückfragen unterstützt haben. Ein großes Dankeschön geht auch an meine Mutter für den inhaltlichen Austausch zu jeder Uhrzeit und zur Endkorrektur – und natürlich auch für die motivierende Unterstützung und unermüdliche Promotion meines Reiseführers.

Und zu guter Letzt ein großer Dank an meinem Mann Torsten, der mich nicht nur auf vielen Reisen begleitet, sondern auch noch für die Bearbeitung der Fotos und den Buchsatz verantwortlich zeichnet – was mehr Aufwand ist als sich in Stunden erfassen lässt. Ohne ihn würde dieser Reiseführer nicht vorliegen.

NINA FRIEDRICH

disneyana_nina

Ninas zauberhafter Reiseführer

Haftungsbeschränkung und Haftungsausschluss

Die Autorin hat sich nach besten Kräften bemüht, diesen Reiseführer in der vorliegenden Form zu erstellen. Die Autorin übernimmt keine Gewähr für die Richtigkeit oder Vollständigkeit des Inhalts dieses Buches und lehnt insbesondere jegliche stillschweigende Gewährleistung der Marktgängigkeit oder Eignung für einen bestimmten Zweck ab und haftet in keinem Fall für Gewinnverluste oder Schäden, einschließlich, jedoch nicht beschränkt auf, Folgeschäden oder andere, spezielle und zufällig eintretende Schäden.
Bitte lesen Sie vor dem Betreten der beschriebenen Attraktionen alle Schilder und die Allgemeinen Geschäftsbedingungen.

Angegebene Preise sind annähernd und schwankend.

Impressum

Bibliografische Information der Deutschen Bibliothek
Die Deutsche Bibliothek verzeichnet diese Publikation in der Deutschen
Nationalbibliografie; detaillierte bibliografische Daten sind im Internet
über http://dnb.ddb.de abrufbar.

ISBN Softcover: 978-3-9821112-2-3
ISBN e-Book: 978-3-9821112-3-0

Fotos:
Torsten Friedrich, S. 1, S. 19, S. 20, S. 26, S. 29, S. 30, S. 32, S. 35, S.
39, S. 40, S. 43, S. 44, S. 47, S. 48, S. 55, S. 63, S. 64, S. 66, S. 68, S.
70, S. 76, S. 79, S. 81, S. 82, S.87, S. 89, S. 91, S. 92, S. 101, S. 104,
S. 109, S. 110, S. 113, S. 120, S. 123, S. 126, S. 128, S. 135, S. 136, S.
143, S. 149, S. 150, S. 151, S. 164, S. 168, S. 171, S. 174, S. 190, S.
193, S. 218, S. 221, S. 231, S. 232, S. 235, S. 237
Nina Friedrich, S. 51, 61, 106, 130, 158
Jennifer Fuchs, S. 58, 99, 103, 117
Kavalenka | Adobe Stock S. 228
Grafiken:
Steffen Liebscher, Offenbach am Main
Torsten Friedrich Kommunikation, S. 29 und S. 46
Korrektorat: Barbara Wenz, Textsyndikat
Satz / Gestaltung: Torsten Friedrich Kommunikation
Verlag: Édition Poulet e.K., Roßdorf
Herstellung: BoD – Books on Demand, Norderstedt

Inhalt

Disneyland® Resort Paris –
Micky Maus vor den Toren von Paris

Herzlich willkommen in der wahr gewordenen Phantasiewelt von Disney® – tauchen Sie ein in die perfekte Illusion! Wer dem grauen Alltag entfliehen möchte, ist in Disneyland® Resort Paris genau richtig. Hier können Sie Helden Ihrer Kindheit wiedersehen und neue kennenlernen – von Dornröschen über Kapitän Hook und von Winnie Pooh bis Buzz Lightyear warten unzählige Disneycharaktere in und um die Parks darauf, von Ihnen entdeckt zu werden!

Als ganzheitliches Erlebnis aus Themenparks und umfangreichen Freizeitmöglichkeiten bietet das Resort seinen Gästen weit mehr als reines Freizeitparkvergnügen. Treten Sie ein und lassen Sie sich von der Magie verzaubern!

Entstehungsgeschichte
Disneyland® Resort Paris

Bereits 1976 gab es erste Gespräche über die Errichtung eines Disney®-Themenparks in Europa, doch erst sechzehn Jahre später, am 12. April 1992, war es soweit: *Euro Disney®* öffnete in der Pariser Peripherie seine Pforten.[1]

Nachdem bereits 1985 die grundsätzliche Entscheidung für die Errichtung eines Disney®-Themenparks in Europa gefällt wurde, musste zunächst die Standortfrage geklärt werden. Aus immerhin 1.200 denkbaren Standorten wurde die Auswahl schließlich auf drei eingeschränkt — zwei

---

1 Vgl. Eisner, Michael D., Disney ist jeden Tag ein Abenteuer, Wilhelm-Heyne-Verlag GmbH & Co. KG, München, 1999, S. 315ff.

spanische Standorte traten in Konkurrenz zu Paris. Die Wahl fiel bekanntermaßen auf Paris, was hauptsächlich an der zentralen Lage und der deutlichen vorteilhafteren Infrastruktur lag.[2]

1987 schließlich erwarb der Disney®-Konzern in Marne-la-Vallée ein knapp zwanzig Quadratkilometer großes Areal. Hier entstand innerhalb von fünf Jahren Euro Disney®, der erste (und bis heute einzige) Disney®-Themenpark in Europa. Zum Eröffnungszeitpunkt 1992 umfasste Euro Disney® neben dem ersten Themenpark bereits sechs Hotels, eine Ranch, Freizeitmöglichkeiten und umfangreiche Wirtschaftsgebäude. Schon damals gab es Planungen zum Bau eines zusätzlichen Themenparks, der jedoch erst 2002 seine Tore öffnete.[3]

Wenngleich Euro Disney® überwiegend nach amerikanischem Vorbild gestaltet wurde, finden sich viele französische Elemente im Park. So sprechen die Figuren in vielen Attraktionen Französisch, obwohl nur ein Teil der Gäste diese Sprache als Muttersprache spricht.

Aus Marketinggründen wurde Euro Disney® 1994 in *Disneyland® Paris* umbenannt – auch wenn sich die Bezeichnung Euro Disney® nachhaltiger eingeprägt hat als dies den Verantwortlichen lieb sein dürfte.

Im Zuge der Eröffnung des Walt Disney Studios® Park 2002 wurde aus *Disneyland® Paris* schließlich *Disneyland® Resort Paris*. Damit zog Europa mit den Themenparks in Amerika und Japan gleich, die allesamt bereits den Zusatz *Resort* trugen. Im alltäglichen Sprachgebrauch wird der Zusatz *Resort* jedoch weggelassen.[4]

---

2   Vgl. Eisner, Michael D., Disney ist jeden Tag ein Abenteuer, Wilhelm-Heyne-Verlag GmbH & Co. KG, München, 1999, S. 315ff.

3   ebd.

4   ebd.

Wirtschaftliche Situation

Der Disney®-Konzern war aufgrund hervorragender Gewinnprognosen mit großen Erwartungen in das Europageschäft gestartet. Jedoch blieben die tatsächlichen Ergebnisse von Anfang an deutlich hinter den prognostizierten Einnahmeerwartungen und Gewinnen zurück.

Nicht zuletzt negative mediale Berichterstattung über zu hohe Preise und geringe Auslastungsquoten sowie Fehleinschätzung seitens der amerikanischen Verantwortlichen bezüglich des europäischen Marktes hatten in den Anfangsjahren des Parks zu ernsthaften finanziellen Problemen geführt. Der Disney®-Mutterkonzern *The Walt Disney Company* entschied sich daraufhin zu drastischen Schritten, um den Park zu retten: So wurden zunächst die bereits begonnenen Planungen zum Bau des zweiten Parks nach dem Vorbild der MGM-Studios eingestellt; außerdem wurden zur Deckung der drängendsten Verbindlichkeiten Finanzhilfen seitens des Mutterkonzerns zur Verfügung gestellt. Dieser war jedoch zu weiterer finanzieller Unterstützung zunächst nicht bereit. In Zusammenarbeit mit den an der Finanzierung des Parks maßgeblich beteiligten Banken wurde schließlich ein Maßnahmenplan zur Rettung des Themenparks beschlossen und umgesetzt.

Nur zwei Jahre nach der Eröffnung des Parks entschied man sich im Rahmen dieses Maßnahmenplans für einen Imagewandel: Flankiert von einer Umbenennung des Themenparks in *Disneyland® Paris* (das finanziell geprägte Wort *Euro* wurde gestrichen) wurden die Preise für Eintritt, Übernachtungskosten sowie Verpflegung gesenkt. Diese Maßnahmen führten schließlich zu einem Ende der negativen Berichterstattung und zu einem deutlichen Anstieg der Besucherzahlen.

Jedoch rutschte der Themenpark mit Ausnahme weniger Jahre mit ausgeglichenen Bilanzen immer wieder in die roten Zahlen.[5]

Zudem belasteten finanzielle Altlasten aus den Anfangsjahren nach wie vor die Bilanzen.

Durch den Rückkauf aller im Umlauf befindlichen Aktien übernahm der Mutterkonzern 2017 schließlich vollständig das Ruder. Um den Park auf Kurs zu bringen, wurden aus Übersee umfangreiche finanzielle Mittel bereitgestellt, um die damals nicht nur im Hinblick auf das 25-jährige Parkjubiläum dringend notwendigen Renovierungsarbeiten im gesamten Park durchführen zu können.

Der amerikanische Mutterkonzern setzte voll auf das Jubiläum, das 2017 begangen wurde und ein solch großer Erfolg war, dass ein ganzes Jahr lang gefeiert wurde.[6]

Die nach Aussagen von Parkverantwortlichen „größte Touristenattraktion Europas"[7] hat es zuletzt hervorragend durch die schwere Zeit der weltweiten Corona-Pandemie geschafft, so dass trotz pandemiebedingter Schließungen Investitionen getätigt wurden. Fans können daher gespannt auf den 30. Geburtstag des Resorts im Jahr 2022 blicken - eine große Feier wurde bereits angekündigt.

---

5   Vgl. Eisner, Michael D., Disney ist jeden Tag ein Abenteuer, Wilhelm-Heyne-Verlag GmbH & Co. KG, München, 1999, S. 315ff.

6   Vgl. Eisner, Michael D., Disney ist jeden Tag ein Abenteuer, Wilhelm-Heyne-Verlag GmbH & Co. KG, München, 1999, S. 315ff.

7   Eisner, Michael D., Disney ist jeden Tag ein Abenteuer, Wilhelm-Heyne-Verlag GmbH & Co. KG, München, S. 341

Ausblick

Durch die Investitionen des Mutterkonzerns wurde bereits im Vorfeld des 25. Geburtstags im Jahr 2017 einiges in den Parks verändert. Der große Paukenschlag wurde dann im Laufe des Geburtstagsjahres mit dem Bau dreier neuer Themenländer verkündet: Bis 2025 sollen die Publikumsmagneten *Marvel*, *Star Wars*™ und *Die Eiskönigin – Völlig unverfroren* jeweils ein eigenes Themenland erhalten, das in den Walt Disney Studios® Park integriert (Marvel) bzw. angegliedert (Star Wars™ und Die Eiskönigin – Völlig unverfroren) wird.[8] Der Marvel-Themenbereich eröffnet 2022; die Fertigstellung des Frozen-Landes (Die Eiskönigin – Völlig unverfroren) ist für 2024/25 geplant. Dreh- und Angelpunkt wird hierbei ein See sein, dessen Befüllen bis zu sechs Monate dauern soll. Für das Star Wars™-Themenland ist bislang kein genauer Zeitplan bekannt.

Neben den Erweiterungsmaßnahmen in Walt Disney Studios® Park sollen zusätzliche Hotels sowie ein neues Convention Center entstehen. Außerdem wird das Disney Village®, der Entertainment-Bereich des Resorts, erweitert.

Erste Entwürfe lassen Großes erahnen und beleben die Hoffnung auf einen dritten Themenpark, der ursprünglich bereits 2017 gebaut werden sollte.

Auch sonst dürfte es in den kommenden Jahren in Disneyland® Paris nicht langweilig werden: Zum 30. Geburtstag im Jahr 2022 werden die Verantwortlichen sicher eine ähnlich spektakuläre Party auf die Beine stellen wie die große Party zum 25. Geburtstag. Und last, but not least werden sich Micky und Co. während der 2024 in Paris stattfindenden Sommerolympiade bestimmt von ihrer sportlichen Seite zeigen.

---

8   https://news.disneylandparis.com/de/2018/02/27/disney-kuendigt-mehrjaehriges-erweiterungsprojekt-fuer-disneyland-paris-an/ Artikel vom 27.02.2018

Wegweiser durch das Disneyland® Resort in Paris

Das Disneyland® Resort Paris ist zwar ein Freizeitpark, aber doch weit mehr: In den beiden Themenparks *Disneyland® Park* sowie *Walt Disney Studios® Park* gibt es insgesamt rund 60 Attraktionen, die eine bunte Mischung aus thematisierten Achterbahnen, familientauglichen Fahrgeschäften und Walk In-Attraktionen, Wasserattraktionen sowie Paraden und Shows darstellen. Ergänzt wird das Angebot in den beiden Parks vom Entertainmentbereich *Disney Village®* und sechs angeschlossenen, zum Resort gehörende Hotels, einer Ranch sowie einem Golfplatz. In unmittelbarer Nähe befindet sich außerdem das *Villages Nature® Paris*, ein Ferienpark mit fünf Erholungswelten, der in Zusammenarbeit mit Center Parcs entstanden ist.

In Val d'Europe, das sich in der Nähe an die beiden Parks, Disney Village® und das Hotel-Areal umfassende Gelände anschließt, gibt es eigenständige Partnerhotels sowie eine Shopping-Mall mit einer Vielzahl an Boutiquen und Restaurants. Abgerundet wird das Angebot von einem Aquarium der Sea Life-Gruppe.

"

Disneyland® Park

Disneyland® Park ist der zuerst erbaute und in seiner Konzeption ursprünglichste der beiden Parks. Mit den fünf Themenländern *Main Street U.S.A.®, Frontierland, Adventureland, Fantasyland®* und *Discoveryland* bietet dieser Park ein vielfältiges Angebot an Attraktionen, Shops und Restaurants. An jeder Ecke gibt es liebevoll gestaltete Details und Elemente zu entdecken, die entweder direkt oder indirekt in Zusammenhang mit Disney®-Filmklassikern stehen, sei es in Form von Attraktionen und Musik oder Gestaltung und Dekoration. Diese Details erstrecken sich, so weit das Auge reicht: Lampen, Zäune und Pfosten, Fliesen, Tapeten und Dächer sind immer individuell gestaltet und thematisch passend. Angrenzende Gebäude greifen Elemente nahegelegener Gebäude oftmals auf. Um den Disneyland® Park komplett zu entdecken, reicht ein einziger Tag bei Weitem nicht aus. Planen Sie also mindestens zwei, besser drei Tage für den Park ein. Und kommen Sie einfach wieder!

Main Street U.S.A.®

Wer den Eingangsbereich passiert hat, erblickt zunächst die *Main Street Station*, den Bahnhof der parkeigenen Eisenbahn. Der Bahnhof ist oft saisonal speziell dekoriert und versetzt Gäste schon ins Staunen, bevor sie den Park überhaupt richtig betreten haben.

Das nächste Highlight folgt direkt: Schon von Weitem ist das *Dornröschen-Schloss* zu sehen, das in der Häuserschlucht der *Main Street U.S.A.®* hervorragend zur Geltung kommt.

Die Main Street U.S.A.® selbst empfängt Besucherinnen und Besucher mit dem Charme einer amerikanischen Kleinstadt der viktorianischen Ära

Blick auf das Schloss während der Grundsanierung

zum Ende des 20. Jahrhunderts. Hinter mit viel Liebe zum Detail gestalteten Häuserfassaden verstecken sich links und rechts Boutiquen und (Schnell-)Restaurants, die zum Shoppen und Schlemmen einladen.

Links und rechts des Hauptweges befinden sich etwas verborgen die beiden Arkaden *Liberty Arcade* und *Discovery Arcade,* die mehr bieten, als sich auf den ersten Blick vermuten lässt: Mit direktem Zugang zu einigen Shops und Restaurants dienen sie auch als Fluchtmöglichkeit vor unangenehmem Wetter oder den Besuchermassen – und das bei aufwändig verzierten Wänden und detailverliebt gestalteter Inneneinrichtung.

Das Interieur der *Discovery Arcade* rechter Hand ist im retro-futuristischen Stil gehalten und den Visionären der letzten Jahrhunderte gewidmet. So finden sich hier unter anderem Werke von Leonardo Da Vinci und Gustave Eiffel wieder.

Fun Fact: Die *Liberty Arcade* linker Hand huldigt der *Freiheit*, die sich europäische Auswandernde in ihrer neuen Heimat Amerika erhofften. Der New Yorker Freiheitsstatue, die wie kaum etwas anderes den amerikanischen Traum symbolisiert, ist in der Arkade sogar eine Walk In-Attraktion gewidmet. Fünf Kopien der Freiheitsstatue finden sich übrigens verteilt in Paris. Falls Sie einen Trip in die Pariser Innenstadt planen, stehen die Chancen gut, die eine oder andere davon zu entdecken.

Die *Central Plaza* am Ende der Main Street U.S.A.® ist so Dreh- und Angelpunkt des Parks und verbindet die fünf Themenländer miteinander.

Fun Facts: Die Gestaltung der Main Street U.S.A. beruht auf den nostalgischen Erinnerungen Walt Disneys an seine Heimatstadt Marceline in Missouri, USA.

Die Häuser sind in einem verkleinerten Maßstab aufgebaut, damit Gäste schnell viel entdecken können, ohne eine große Strecke laufen zu müssen. Durch den kleinen Maßstab erscheint zudem alles viel lieblicher und phantastischer und markiert den Unterschied zwischen der perfekten Illusion innerhalb und der realen Welt außerhalb des Parks.

Mithilfe des sogenannten *Forced Perspective-Effekts* erscheint das Schloss beim Betreten des Parks durch die sich ausweitenden Häuserfassaden weiter entfernt, als auf dem Weg vom Schloss zum Ausgang, obwohl die Strecke natürlich dieselbe ist. Wie lange man auf dem Weg nach draußen tatsächlich braucht, hängt natürlich auch davon ab, wie viel Zeit man für den abendlichen Einkaufsbummel in den fantastischen Shops der Main Street U.S.A. benötigt.

Attraktionen

Disneyland Railroad – Main Street Station

Die *Disneyland Railroad* ist ein Dampfzug, in dem Gäste in seitlich offenen Waggons rund um den Disneyland® Park herumfahren können. Vom Zug aus kann man einen Blick in und hinter die Kulissen werfen: Zwischen Main Street U.S.A.® und Frontierland bekommen Fahrgäste vom Zug aus einen Einblick in den Grand Canyon mit seiner vielfältigen Tierwelt. Zwischen Frontierland und Fantasyland® fährt man an der Attraktion *Indiana Jones™ and the Temple of Peril* vorbei und kann in die Attraktion *Pirates of the Caribbean* hineinschauen – mit Blick auf Jack Sparrow. Zwischen Fantasyland® und Discoveryland wiederum fährt der Zug durch die Kulissen von *It's a small world* – Winken nicht vergessen.

Der Bahnhof *Main Street Station* ist der Hauptbahnhof des Parks. Eine komplette Runde dauert mit Stopps ungefähr 30 Minuten. Selbstverständlich ist der Ausstieg an jeder Station der übrigen Themenländer möglich – bei all den spannenden Sachen ist es nur zu verständlich, wenn der Entdeckungsdrang unterwegs zu groß wird.

Diese Attraktion erfordert keine Mindestgröße.

Tipps:
Gäste, die den Park das erste Mal besuchen, sollten unbedingt eine Fahrt mit der Disneyland Railroad einplanen und eine vollständige Runde fahren. Mit diesem Fortbewegungsmittel gewinnt man einen guten Eindruck über die Ausmaße des Parks und kann nebenbei die Füße schonen. Steigen Sie am besten direkt im Bahnhof *Main Street Station* in den Zug ein, da es hier in der Regel die meisten freien Plätze gibt.
Fahren Sie an heißen Tagen am besten frühmorgens mit der Railroad, da der Zug seine Fahrten bei zu hohen Temperaturen zum Schutz des Personals gegebenenfalls einstellen muss.

Fun Facts: Walt Disney war zeitlebens ein riesiger Fan von (Modell-) Eisenbahnen. Aus seiner Kindheitsleidenschaft wurde ein lebenslanges Hobby, durch das er sich zur Errichtung der Eisenbahn im Disneyland® Resort Anaheim inspirieren ließ.[9]
Haben Sie es entdeckt? Das gusseiserne Geländer trägt die Initialen *EDRR*, einen Hinweis auf den früheren Namen des Parks: *Euro Disney®* *(Rail Road)*.

---

9   Vgl. https://de.wikipedia.org/wiki/Carolwood_Pacific_Railroad (Stand 07/2019)

Main Street Vehicles & Horse-Drawn Streetcars

In den verschiedensten Fahrzeugen (Paddy Wagon, Omnibus, Fire Truck, Limousine, Horse-Drawn Streetcars) können sich Fahrgäste den kurzen Weg vom Town Square bis zur Central Plaza bzw. von der Central Plaza zum Town Square *kutschieren* lassen. Dort ist die nur wenige Minuten dauernde Fahrt jeweils zu Ende und die Fahrgäste werden in den Trubel vor dem Schloss bzw. der *Main Street Station* entlassen. Abfahrt ist an den jeweiligen Haltestellen.

Tipp: Die außergewöhnlichsten Fahrzeuge sind sicherlich die *Horse-Drawn Streetcars*. Solange sich die Besuchermassen im Rahmen halten, verkehrt die von einem echten Pferd (mit Namensschild) gezogene Straßenbahn zwischen Town Square und Central Plaza. Fahrgäste werden zurück in die Zeit versetzt, als es noch keine elektrisch betriebenen Straßenbahnen gab, und kommen in den Genuss der entschleunigten Fortbewegung.
Die *Main Street Vehicles* operieren hauptsächlich vormittags.

Diese Attraktion erfordert keine Mindestgröße.

City Hall

Die *City Hall* ist keine Attraktion im klassischen Sinne, sondern so etwas wie das Rathaus des Disneyland® Park. Hier kann man Reservierungen für Restaurants vornehmen, Feedback hinterlassen, verlorengegangene Kinder melden, Fundsachen suchen und vieles mehr. Außerdem bekommt man dort Buttons für Geburtstagskinder (nach Verfügbarkeit).

Statue of Liberty Tableau

Etwas versteckt in der Liberty Arcade befindet sich eine Walk In-Attraktion der besonderen Art: Hinter einem Vorhang aus rotem Samt versteckt, kann man als Zaungast an der Einweihungszeremonie der New Yorker Freiheitsstatue teilnehmen. Originalbilder und -töne versetzen Gäste in das Jahr 1886 zurück, als Frankreich und Amerika durch die Schenkung der Freiheitsstatue ihre Freundschaft besiegelten.

Dapper Dan's Hair Cuts

Men Only – in *Dapper Dan's Hair Cuts*, einem Barbershop, können Männer eine Auszeit der besonderen Art genießen. In dem stilecht eingerichteten Laden bekommen Kunden einen neuen Haarschnitt verpasst und können sich auf traditionelle Weise rasieren lassen.

Die Leistungen sind kostenpflichtig. Leider sind Terminvereinbarungen nicht möglich. Die Öffnungszeiten sind unregelmäßig; am besten einfach vorbeischauen.

Neben dem Haupteingang befindet sich ein weiterer Eingang zum Barbershop in der Ecke des riesigen Souvenirladens *Emporium*.

Tipp: In ruhigen Momenten kann man oberhalb des Barber-Shops Steppschritte aus den Räumen der Stepptanz-Schule hören.

Restaurants

Walt's – An American Restaurant (À-la-carte-Restaurant)

Als Hommage an den Vater von Micky Maus dient das *Walt's – An American Restaurant*, das beste Lokal am Platz in zentraler Lage auf der Main Street U.S.A.®. Hier werden in noblem Ambiente klassische amerikanische Spezialitäten (u.a. Steaks) serviert.

Bereits der Empfangs- und Wartebereich im Erdgeschoss ist sehenswert: Dort stehen neben einem Klavier und einer echten Laterna Magica einige Repliken von Privataufnahmen Walt Disneys. Das Restaurant selbst befindet sich im ersten Stock. Am Fuß der Treppe grüßt Walt in Form einer Büste. Der barrierefreie Zugang ist über einen historischen Fahrstuhl gewährleistet.

Tipp: Von den Tischen am Fenster aus hat man einen einmaligen Blick auf das Treiben auf der Main Street U.S.A.®. Besonders zur Parade lohnt es sich, nach einem Tisch am Fenster zu fragen.

Plaza Gardens Restaurant (Buffetrestaurant)

Etwas zurückgesetzt auf der Central Plaza befindet sich das *Plaza Gardens Restaurant*. Durch die außergewöhnliche Architektur des Gebäudes mit dem hübschen Springbrunnen im Vorgarten kann man schnell den Eindruck gewinnen, als ob die Zeit im viktorianischen Zeitalter stehengeblieben wäre. Die Thematisierung ist auch im Innenbereich perfekt umgesetzt – mit Wandgemälden, die das Restaurant in verschiedenen Jahreszeiten zeigen, sowie einer beeindruckenden Glaskuppel und schweren Vorhängen aus Samt.

In diesem viktorianischen Ambiente bietet das *Plaza Gardens* Essen für jeden Geschmack und Hunger. Das Angebot reicht von zahlreichen Fleisch- und Fischgerichten über Pasta und Pizza sowie wirklich leckere Desserts. Das Buffet kostet 36 Euro für Erwachsene und 19 Euro für Kinder und beinhaltet Getränke.

Tipp: Im *Plaza Gardens* wird, sofern es Hygienestandards zulassen, Frühstück mit Disney®-Charakteren angeboten. Der Besuch verschiedener Figuren am Tisch und tolle Fotos sind garantiert, jedoch ist das Frühstück nicht ganz billig. Es kostet rund 40 Euro pro Person. Aber es lohnt sich!

Aufgrund des dauerhaft großen Besucherandrangs wird ganztägig eine Reservierung empfohlen; für das Frühstück mit Disney®-Charakteren muss zwingend vorab reserviert werden: Entweder direkt bei der Buchung oder ab drei Tage im Voraus über die Telefonnummer +33 160304050.

Casey's Corner (Schnellrestaurant)

In *Casey's Corner* dreht sich alles um Baseball, *den* amerikanischen Nationalsport. Da Hot Dogs das klassische Essen in amerikanischen Baseball-Stadien sind, bietet das Schnellrestaurant fast ausschließlich Hot Dogs an, jedoch in verschiedenen Varianten. Das Restaurant ist mit unzähligen Baseball-Memorabilien früherer Baseball-Stars dekoriert.

Market House Deli (Schnellrestaurant)

Das *Market House Deli* bietet leckere Sandwichs wie den französischen Sandwichklassiker *Croque Monsieur* (Schinken und zerlaufener Käse), Wraps und Salate an. Das Interieur ist einem New Yorker Feinkostladen der 20er Jahre nachempfunden. Bei Klaviermusik werden die Gäste schnell in eine andere Zeit versetzt – und können nachempfinden, wie es sich im frühen New York angefühlt haben mag.

Tipp: Das *Market House Deli* bietet ein kleines, aber feines Frühstück an. Für 7 Euro bekommt man ein Croissant oder ein pain au chocolat (Schokobrötchen) sowie einen kleinen Orangensaft und ein Heißgetränk nach Wahl. Der Café au lait ist besonders empfehlenswert.

Fun Fact: Stellen Sie sich an einen der uralten Fernsprecher im *Deli* – dort kann man den Telefongesprächen der Nachbarn lauschen, ganz so wie damals, als sich die Wohnungen eines Mietshauses einen Telefonanschluss teilten und man darauf warten musste, bis die Nachbarn fertig mit Telefonieren waren. Heute bietet sich das *Market House Deli* als perfekter Platz für *People Watching* an – und für die tägliche Parade.

Victoria's Home-Style Restaurant (Bar)

Hinter *Victoria's Home Style Restaurant* verbirgt sich eine Bar, in der neben saisonal wechselnden Snacks und Heißgetränken auch äußerst leckere Milkshakes sowie alkoholhaltige Getränke ausgeschenkt werden. Letzteres ist eine Besonderheit im Park.
Die dem Speiseraum einer Pension nachempfundene Bar lädt zum Verweilen ein und ist immer gut besucht, was auch an der gemütlichen Inneneinrichtung liegt.

Fun Fact: Aus der Etage oberhalb des Speiseraums kann man die Pensionsgäste hören, aber nur, wenn es nicht allzu laut ist.

The Gibson Girl Ice Cream Parlor

Als eine von zwei Eisdielen im Disneyland® Park bietet der *Gibson Girl Ice Cream Parlor* Eisspezialitäten an – in diesem Fall das legendär gute Eis von *Ben & Jerry's*. Einziger Wermutstropfen: Insbesondere bei schönem Wetter bilden sich lange Schlangen entlang der Main Street U.S.A.®, die den *Gibson Girl Ice Cream Parlor* schon von Weitem ankündigen. Aber das Warten lohnt sich.

Kleine Kaffeepause im Market House Deli

Coffee Grinder Coffee Shop

Wer auf der Suche nach Kaffee und süßen Snacks ist, wird im *Coffee Grinder Coffee Shop* fündig. Dort wird schon frühmorgens Kaffee ausgeschenkt – eine Seltenheit im Park.

Der Straßenverkauf ist insbesondere zur Frühstückszeit und während des Wartens auf Paraden sehr beliebt – leicht zu erkennen an der langen Schlange.

Cable Car Bake Shop

Der *Cable Car Bake Shop* entführt Gäste bei leckeren Süßigkeiten wie Muffins, Cupcakes, Cookies und Donuts sowie herzhaften Snacks nach San Francisco, der Heimat der legendären *Cable Cars*. Die Inneneinrichtung besticht nicht zuletzt durch die handgearbeiteten Glaslampen mit hübschem Mosaikmuster, die den Innenraum und die einzelnen Sitzbereiche erhellen. Zeichnungen an den Wänden erläutern die Geschichte der Cable Cars aus San Francisco.

Best of Souvenirs / Shopping

- *Emporium* – ein schier niemals endendes Angebot an Souvenirs, das sich über einen kompletten Block erstreckt. Weiter geht's mit *Lilly's Boutique* sowie *Disney® & Co*
- *Harrington's* – eine feine Auswahl an Figuren, Kunst und Schmuck – auch von Pandora®. Außerdem beherbergt Harrington's den Store *Disneyana Collectibles* mit Glaswaren, die individuell graviert werden können. Bemerkenswert ist die Kuppel, die sich über dem Kassenbereich erstreckt: Sie überträgt den Schall, so dass man sich über die Kassenbereiche hinweg unterhalten kann

- *Bixby Brothers* – Weihnachtsaccessoires, soweit das Auge reicht und durch alle Jahreszeiten hinweg.

Spezialtipps / Wissenswertes

Wer genauer hinschaut, dem offenbaren die Häuserfassaden entlang der Main Street U.S.A.® nicht nur Hinweise auf die Familie von Walt Disney und Personen, die an der Entstehung des Parks beteiligt waren, sondern auch auf eine von Zeit zu Zeit rauchende Kaffeetasse, die Werbung für den *Coffey Grinder Coffee Shop* macht. Außerdem sind dort (fiktive) Geschäfte und Arztpraxen untergebracht. Bei geringem Besucherandrang kann man sogar hören, was dort gesprochen wird.

Tipp: Um Zeit und Weg zu sparen lohnt es sich, neben dem Ausgang der Liberty Arcade nach links in einen eher unscheinbaren Stollengang einzubiegen. Außer auf Cast Member trifft man dort in der Regel nur auf einen leeren Gang, der auf direktem Weg ins Frontierland und somit schneller zur Bergbahn *Big Thunder Mountain* führt. Also nichts wie los, stürzen Sie sich ohne Umwege ins Abenteuer!

Baby Care Center (neben Plaza Gardens-Restaurant)

Im *Baby Care Center* ist alles für die kleinsten Gäste vorbereitet: Eltern können Flaschen wärmen, in Ruhe ihren Nachwuchs füttern oder Windeln wechseln. Außerdem kann Babynahrung erworben werden.
Babynahrung kann übrigens auch in vielen Restaurants selbst erwärmt werden (z.B. im *Chalet de la Marionette* und im *Fuente del Oro*) oder wird erwärmt.

WELCOME TO
THUNDER MESA

Frontierland

Lassen Sie sich im Frontierland von Geistern und Cowboys in den Wilden Westen entführen! Die Goldrauschstimmung im Wild West-Städtchen *Thunder Mesa* ist allgegenwärtig und lädt zum Erkunden einer längst vergangenen Zeit ein.

Ein absolutes Muss ist eine Fahrt mit der Bergbahn *Big Thunder Mountain*, die Fahrgäste mit auf eine rasante Fahrt durch verlassene Bergwerksstollen nimmt.

Vom Schicksal der bekanntesten Familie von Thunder Mesa, der Familie Ravenswood, sowie dem der Minenarbeiter nach Schließung der Minen kann man sich im Geisterhaus *Phantom Manor* überzeugen – und wenn zu guter Letzt genug Energie übrig ist, kann der Nachwuchs in *Frontierland Playground* die Legenden des alten Westens zu neuem Leben erwecken. Howdy ho!

Tipp: Für einen tollen ersten Überblick über das Frontierland bietet sich das (auch für große Cowboys und -girls interessante) *Fort Comstock* an, das gleichzeitig als Eingangsbereich fungiert.

Attraktionen

Fort Comstock

Wer sich Frontierland von der Central Plaza aus nähert betritt das Land durch *Fort Comstock*, ein klassisches Western-Fort. Auch wenn es keine Attraktion im klassischen Sinne ist, so lohnt es sich doch, kurz zu verweilen und die wenigen Stufen nach oben zu steigen. Von dort aus kann man den Blick über Frontierland schweifen lassen und ein paar spannende Details im Fort entdecken.

Vor dem Fort haben amerikanische Ureinwohner ihre Tipis aufgeschlagen – tagsüber steigt Rauch aus den Tipis auf, Nachts sind sie stimmungsvoll beleuchtet. So führen einst erbitterte Erzfeinde zumindest in der Wunschvorstellung einer heilen Welt eine friedliche Ko-Existenz, anstatt sich zu bekriegen.

Phantom Manor

Welcome, Foolish Mortals!
Das ehemalige Anwesen der Familie Ravenswood ist weit mehr als eine *normale* Geisterbahn: *Phantom Manor* macht seinem Ruf als *Haus der Geister und Illusionen* alle Ehre und erzählt die Geschichte der Familie Ravenswood nach. Im Vordergrund steht dabei das Schicksal der unglücklichen, vor ihrer Hochzeit sitzengelassenen Braut.

Kaum etwas ist in Phantom Manor so, wie es auf den ersten Blick zu sein scheint – Bilder verändern sich, der Boden gibt nach, Türklinken führen vermeintlich ein Eigenleben … Was steckt dahinter? All das erklärt sich schnell, denn das dem Anwesen aus dem Film *Psycho* nachempfundene Geisterhaus beherbergt gefühlt 999 Geister, die ihr Möglichstes tun, um den Gästen ein schaurig-herzliches Willkommen zu bereiten.

Phantom Manor ist nicht allein durch die außergewöhnliche Thematisierung eine besondere Attraktion, sondern auch durch die Verbindung aus Walk-In-Attraktion und Dark Ride-Fahrgeschäft. Die Tour startet im Inneren des Herrenhauses und endet in einer Geisterstadt – ohne, dass

Sie dabei das Gebäude verlassen. Auf dem Weg begegnen Ihnen rund 60 Audio-Animatronics, aber nicht nur: Moderne Spezialeffekte und eine Vielzahl an Show-Requisiten runden das gruselige Erlebnis ab. Sind Sie bereit, die Welt der Geister zu betreten?

Diese Attraktion erfordert keine Mindestgröße.

 *Tipps:* Betrachten Sie sich Phantom Manor beim Warten einmal genauer. Einer der Fensterläden bewegt sich. Ob die Geister entweichen wollen?

An dieser Attraktion ist aufgrund ihrer großen Beliebtheit durchgehend mit langen Wartezeiten zu rechnen.
Gegen Aufpreis ist das Premier Acces Pass-System verfügbar, um langes Anstehen zu umgehen.

Fun Facts:

Der Familie Ravenswood gehörte nicht nur das Anwesen Phantom Manor, sondern auch *die Big Thunder Mining Company*. Alle Männer, die Melanie Ravenswood den Hof machten, starben auf mysteriöse Art und Weise – zumindest besagt das die Legende, die sich um das traurige Schicksal der unglücklichen Braut rankt. Sie spukt bis heute durch das alte Herrenhaus.

Die gruselige Stimme im Eingangsbereich gehört zu Vincent Price, einem Darsteller aus Horror-Filmen, der in Fankreisen Kultstatus erreicht hat. Im Zuge einer umfangreichen Sanierung wurde die Stimme nun endlich in die Attraktion integriert, obwohl die Aufnahme bereits aus dem Eröffnungsjahr 1992 stammt. Bis dato wurde sie jedoch nie verwendet. Digitaly remastered wird sie nun sogar zweisprachig eingesetzt.

Die in der Attraktion allgegenwärtige Musik wurde übrigens in den legendären Abbey Road-Studios in London aufgenommen.

Damit die Gartenanlage rund um Phantom Manor authentisch karg und gespenstisch wirkt, werden die Bäume und Sträucher speziell beschnitten und teilweise schräg eingepflanzt – hier wird nichts dem Zufall überlassen.

Friedhof Boot Hill

Wenn Sie *Phantom Manor* unbehelligt verlassen haben und wieder im Tageslicht stehen, sollten Sie sich den Friedhof *Boot Hill* nicht entgehen lassen. Der Friedhof befindet sich linkerhand des Ausgangs und bietet nicht nur ein schauriges Ambiente, sondern auch einen tollen Blick über den See und auf die Bergbahn *Big Thunder Mountain*.

Auch die Inschriften der Gräber sind allemal einen Blick wert – neben dem Grab von Melanie Ravenswood finden sich dort die Gräber von allerlei illustren Gestalten – nicht zuletzt haben sich die am Bau von Phantom Manor beteiligten Disney® Imagineers auf einem der Gräber verewigt. Ein bisschen Spaß muss also sein – inklusive Herzschlag aus einem der Gräber!

Thunder Mesa Riverboat Landing

Die beiden Schaufelraddampfer *Molly Brown* und *Mark Twain* ziehen gemächlich ihre Kreise über den idyllisch gelegenen See und laden zu einer entschleunigten Fahrt ein. Bei fast jedem Wetter lohnt sich ein Platz an Deck, um die Bergwelt des Grand Canyons zu bewundern. Die tiefe Stille wird nur gelegentlich von den Schreien waghalsiger Abenteurer unterbrochen, die den Wilden Westen gerade mit der Achterbahn *Big Thunder Mountain* erkunden.

Gut zu wissen: Die *Molly Brown* bietet insgesamt 350 Personen Platz. Die beste Aussicht hat man auf dem obersten Deck in der Spitze des Bugs. Bei schlechtem Wetter bieten Innenkabinen ein paar Plätze, die zwar komfortabel eingerichtet sind, jedoch keinen Ausblick bieten. So verpasst man dort unter anderem die Schwefelquellen und Geysire auf den Sinterterrassen kurz vor Phantom Manor oder den Angler *Catfish Joe* mit seinem bellenden Hund.

Diese Attraktion erfordert keine Mindestgröße.

Fun Facts: Namenspatin der *Molly Brown* ist eine amerikanische Frauenrechtlerin, die das Titanic-Unglück überlebte und fortan als die *unsinkbare*

Molly Brown in die Geschichte einging. In zahlreichen Titanic-Verfilmungen wurde ihr besondere Aufmerksamkeit zuteil. Namenspate der *Mark Twain* ist der bekannte amerikanische Schriftsteller, dessen erfolgreichster Roman „Die Abenteuer des Huckleberry Finn" als Schlüsselwerk der US-amerikanischen Literatur gilt.

Leider befindet sich die *Mark Twain* bis auf Weiteres im Dock und muss in großem Stil überholt werden. Während der Fahrt mit der *Molly Brown* kann man jedoch einen kurzen Blick auf die *Mark Twain* erhaschen, die hoffentlich bald wieder einsatzbereit sein wird.

Rivers of the far West früher und heute: Indian Canoes und River Rogue Keel Boats

Während heute nur noch die bzw. der Schaufelraddampfer ihre respektive seine Runde auf den Rivers of the far West drehen, gab es in den Anfangsjahren des Parks noch zwei weitere Möglichkeiten, den See zu erkunden: Die Indian Canoes waren von April 1992 bis Oktober 1994 in Betrieb. Die Passagiere paddelten (unter Anleitung) in Kanus über den See und konnten die Ruhe des Sees genießen – ganz ohne Führungsschienen. Los ging es an der Pier, wo sich heute der Frontierland Playground befindet. Geringe Durchsatzzahlen der Passagiere bei gleichzeitig hohen Personalkosten führten leider dazu, dass die Fahrt mit den Kanus eingestellt wurde.

Die River Rogue Keel Boats hingegen waren deutlich länger in Betrieb. Sie zogen von 1992 bis 2002 und von 2007 bis 2009 ihre Kreise auf dem See rund um den Big Thunder Mountain und erfreuten sich großer Beliebtheit. Eines der beiden Kielboote (Keel Boats) liegt heute noch gut vertäut am Steg und wird von Zeit zu Zeit bewegt, wobei die Hoffnung auf

Nach einem Snack im Fuente del Oro geht es zu Big Thunder Mountain

eine Wiederaufnahme des Betriebs trotzdem nicht allzu groß sein dürfte. Der Eingang befand sich gegenüber der Pueblo Trading Post.

Rustler Roundup Shootin' Gallery

In der Rustler Roundup Shootin' Gallery können kleine und große Cowboys und -girls das Schießen üben. Sie befindet sich neben dem Ausgang von Big Thunder Mountain (Nutzung kostenpflichtig).

Big Thunder Mountain

Halten Sie sich gut fest auf der Fahrt mit der rasanten Bergachterbahn *Big Thunder Mountain*, dem *wildest ride in the wilderness*!
Auf dem Gelände der Huntington Mill dreht die Bergbahn zu Höchstform auf! Unter dem *River of the far West* hindurch fahren Sie in den von einer Lok gezogenen Loren zum gegenüberliegenden Ufer, vorbei an den Lagern der Minenarbeiter und mitten hinein in eine Sprengung. Doch keine Bange, zwischendurch können Sie die Ruhe und Abgeschiedenheit des *Rio Grande* im Schnelldurchlauf erleben.

Tipps: An dieser Attraktion ist aufgrund seiner großen Beliebtheit durchgehend mit langen Wartezeiten zu rechnen.

Gegen Aufpreis ist das Premier Acces Pass-System verfügbar, um langes Anstehen zu umgehen.

Die Wartezeit kann man sich allerdings gut beim Bestaunen der sehenswerten alten Mühle vertreiben. Irgendwo zischt und dampft es immer.

Tipp: Für geräuschempfindliche Gäste empfiehlt es sich, während der Fahrt Ohrstöpsel zu tragen.

In jedem Zug haben bis zu 30 Personen Platz. Mindestgröße für diese Attraktion ist 1,02 Meter.

Fun Fact: Eine Felsformation des Big Thunder Mountains ist dem Königsfelsen aus *König der Löwen* nachempfunden – entdecken Sie ihn?

Frontierland Playground

Der am Wasser gelegene Spielplatz bietet Spielgeräte für kleine Cowboys und -girls. Eltern können währenddessen die Landschaft des Rio Grande bewundern, ohne ihre Kinder aus den Augen lassen zu müssen. *Fun Fact:* Großmutter Weide aus dem Film *Pocahontas* wacht in Form eines Totempfahls über die spielenden Kinder.

Frontierland Theater

Im *Frontierland Theater* werden saisonal wechselnde Themenshows aufgeführt. Die Shows zeichnen sich durch ein hohes Maß an Unterhaltungsfaktor und Professionalität aus und bieten Spaß für die ganze Familie.

Seit Sommer 2019 erstrahlt das Theater in neuem Glanz. Das bislang offen gehaltene Theater wurde größer und moderner wieder aufgebaut und durch einen klimatisierten Bau ersetzt, der bis zu 1.300 Gästen Platz bietet. Hierin sind auch ausreichend Plätze für Gäste mit Einschränkungen enthalten. Die aktuelle Show kann dem Programm entnommen werden.

Wiedereröffnet wurde das Theater übrigens mit der Show *The Lion King: Rhythms of the Pride Lands*.

Tipp: Es empfiehlt sich, rechtzeitig vor Beginn einer Show anzustehen, da sich schnell lange Schlangen bilden können. Auch der Vorplatz des Theaters ist rund um Aufführungen schnell gefüllt und von parkenden Kinderwagen und –Buggys überflutet. Wer einen (Leih-)Buggy dabei hat, sollte ihn auffällig und eindeutig markieren, da Parkangestellte die Fahrzeuge aus Platzmangel häufig umstellen müssen.

Fun Fact: Gegenüber des Theaters, auf dem Gelände der ehemaligen Cottonwood Creek Ranch, befand sich früher der Streichelzoo *Critter Corral* (Streichelzoo). Dort konnte man allerlei Farmtiere bestaunen, von denen die kleineren Tiere sogar gestreichelt werden durften.
Nach der jährlichen witterungsbedingten Schließung in den Wintermonaten wurde der Streichelzoo 2006 jedoch nicht mehr in Betrieb genommen, was sicher auch der seinerzeit in Europa grassierenden Vogelgrippe geschuldet war.
Nach Umbauarbeiten wurde das Gelände im Juli 2007 als *Woody's Roundup Village* wiedereröffnet. Saisonal konnte das Programm abweichen. So wurde der Bereich in der Weihnachtszeit u.a. zu *Santa's Christmas Village*.
2015 schließlich wurden große Teile der früheren Ställe abgerissen und fungierten danach einige Jahre, und nach einem erneuten Umbau, als Marktplatz von Arendelle, der Heimatstadt von Anna und Elsa aus dem Film *Die Eiskönigin*.
Heutzutage grasen gelegentlich ein paar Pferde auf den alten Koppeln.

Blick auf das Silver Spur Steakhouse von Bord der Molly Brown

Disneyland Railroad – Frontierland Depot

Der erste Stopp der Disneyland Railroad nach dem Bahnhof *Main Street Station* ist im Frontierland. Der Eingang zum Bahnhof *Frontierland Depot* befindet sich rechts neben dem *Frontierland Theater*.

 *Tipp*: Vermeiden Sie es nach Möglichkeit, diesen Zustieg zum Ende einer Show im Theater anzusteuern. Viele andere möchten den Bahnhof zu dieser Zeit ebenfalls nutzen, was deutlich längere Wartezeiten als üblich hervorruft.

Restaurants

Silver Spur Steakhouse (À-la-carte-Restaurant)

In der Tradition der großen Steakhäuser des 20. Jahrhunderts präsentiert sich das *Silver Spur Steakhouse* mit einer rustikal-mondänen Einrichtung. Der Name *Silver Spur* wird im Innendekor durch die silbrig glänzenden Sporen (silver spurs) aufgegriffen, mit denen die Lampen des Restaurants verziert sind. Die abgesenkte Raummitte, die von einem beeindruckenden Kronleuchter überstrahlt wird, mündet in einer offenen Küche. Die angebotenen Speisen glänzen bei einem sehr guten Preis-Leistungsverhältnis mit durchweg hoher Qualität der verarbeiteten Produkte. Neben verschiedenen Fleischgerichten, allen voran natürlich Steaks, gibt es einen üppig belegten Grillteller, Smoked Ribs, Gerichte mit Geflügel, Lachs, aber auch vegane Optionen.

Menüs für Erwachsene beginnen bei 30 Euro. Kinder zahlen 20 Euro für das Menü. Getränke sind nicht inklusive.

Cowboy Cookout Barbecue (Schnellrestaurant)

Wer ein echtes Cowboy-Barbecue erleben möchte, ist im *Cowboy Cookout Barbecue* richtig. In einer übergroßen Scheune werden geräucherte Leckereien wie Spare Ribs und Brathähnchen sowie Burger (auch vegetarisch) serviert. Regelmäßig gibt es sogar Live-Musik.
Auch bei großem Besucherandrang findet sich hier in der Regel noch ein Platz, im Zweifel im Außenbereich.

Tipp: Schauen Sie sich die Stühle genauer an: Ganz untypisch unperfekt gleicht kaum ein Stuhl dem anderen – und schafft so eine gemütliche Atmosphäre.

Fun Fact: Wenn Ihnen die Musik rund um das Cowboy Cookout Barbecue bekannt vorkommt, ist dies nicht verwunderlich. Es handelt sich um Musik von Ennio Morricone, die im Film *Zwei glorreiche Halunken* zu hören war. Die Rechte an Morricones Gesamtwerk liegen bei Disney® und kommen in diesem Themenland wirklich hervorragend zur Geltung.

The Lucky Nugget Saloon (Schnellrestaurant)

Der *Lucky Nugget Saloon* wirkt, als ob die Zeit stehen geblieben wäre. Neben Essen für jeden Geschmack (ein vegetarischer Burger ist ebenfalls im Programm) und wirklich leckeren Desserts werden regelmäßig Showeinlagen geboten.

Ein kleiner Snack im Außenbereich des Cowboy Cookout Barbecue

Last Chance Café (Imbiss)

Das *Last Chance Café* bietet kleine Tex-Mex-Gerichte sowie Snacks (u.a. Chicken Wings und Hähnchen Nuggets sowie ein leckeres veganes Chili) an. Für einen Imbiss ist das *Last Chance Café* sehr gut geeignet.

Fuente del Oro Restaurant und Bar

Das *Fuente del Oro* bietet Essen und leckere Drinks in einer stilechten Hacienda, die mit vielen Kunst- und Handwerksgegenständen liebevoll eingerichtet wurde. Das Essensangebot besteht neben wechselnden Hauptgerichten aus Snacks wie z.B. Nachos, Pommes und Gemüse mit Salsa und vielem mehr. Selbstverständlich gibt es auch Churros.

Tipp: Neben dem erwähnten Essen gibt es im Fuente del Oro Frozen frisch gezapftes Bier und Frozen Margarita. Ein echtes Novum im Park.

   Am Brunnen in Frontierland – ob er noch Wasser führt?

Best of Souvenirs / Shopping

- *Thunder Mesa Mercantile Building* – hier finden Goldsuchende alles, was sie für ihre Unternehmung benötigen, insbesondere Küchenutensilien und Kleidung. Darüber hinaus gibt es eine schöne Auswahl an Plüschfiguren sowie Sammlerstücke, die in anderen Shops eher selten zu finden sind, beispielsweise Merchandise zur Attraktion Phantom Manor

- *Pueblo Trading Post* – ein Mekka für Fans von Pin Trading. Geöffnet hat die *Pueblo Trading Post* regelmäßig an Wochenenden von 10-17 Uhr.

Adventureland

Adventureland

Wenn sich die Pflanzen und Gerüche verändern und die karge Wüsten-landschaft mit ihren vereinzelten Kakteen dichtem Bambus weicht, dann findet der Übergang von Frontierland auf Adventureland statt. Dort wechseln nicht nur Flora und Fauna, sondern auch die Charaktere: Auf den Spuren von Indiana Jones™, Kapitän Hook und dem Dschungelbuch, aus Afrika bis in die Karibik – im Adventureland gibt es für kleine und große Entdeckerinnen und Forscher allerhand zu erkunden. Erklimmen Sie das Baumhaus der Familie Robinson, um von dort aus den nächsten Schatz zu erspähen – oder rasen Sie auf den Spuren von Indiana Jones™ durch die Ruinen des *Tempels des Todes*.

Aus sicherer Entfernung können Sie den *Piraten der Karibik* dabei zuschauen, wie sie sich eine wilde Schlacht mit der Marine liefern, um danach entspannt auf den Spuren *Aladdins* durch den Bazar aus Tausend-undeiner Nacht im sagenumwobenen Agrabah zu wandeln.

Eines ist sicher: Mit seinen verwinkelten Buchten und Wegen und den Wasserpflanzen ist *Adventureland, aber* insbesondere die *Adventure Isle* das perfekte Versteck für allerlei unlautere Gestalten. Halten Sie die Augen auf!

Attraktionen

La Cabane des Robinson

Wer hoch hinaus will, ist im *Baumhaus der Schweizer Familie Robinson* genau richtig. Auf dem Weg nach oben gibt es allerhand zu entdecken: Neben der Küche mit eingedecktem Tisch finden sich eine Bibliothek, ein

Eingang ins Adventureland durch den Adventureland Bazar

Ausguck, ein hübscher Musiksalon, das Schlafzimmer der Eltern sowie das *Krähennest*, dem Schlafzimmer der Robinson-Kinder.

Beim Bestaunen der verschiedenen Räume bekommen Gäste den Eindruck vermittelt, als ob die schiffbrüchige Familie das Baumhaus nur kurz verlassen hätte und jeden Moment wieder am Tisch Platz nehmen könnte. Oben angekommen, wird der recht mühsame Aufstieg mit einem grandiosen Ausblick auf die *Adventure Isle* belohnt.

Hinweis: Um in das Baumhaus zu gelangen, ist es erforderlich, gut zu Fuß und trittsicher zu sein. Die Stufen sind unterschiedlich hoch und der Zugang ist nicht barrierefrei.

Zurück auf dem Boden lohnt sich auch ein Besuch des *Ventre de la Terre*, dem *Bauch der Erde*. Zwischen den kräftigen Wurzeln des Baums sind die Vorräte der Familie versteckt und kühl aufbewahrt. Geschützt werden sie von einem Labyrinth aus Wurzeln. Der Eingang befindet sich unterhalb des Baumhauses. Viel Spaß beim Entdecken und Verirren!

Diese Attraktion erfordert keine Mindestgröße.

Fun Facts: Als Vorlage für die Attraktion dient das Baumhaus aus dem Disney®-Film *Dschungel der 1000 Gefahren* (Swiss Family Robinson) aus dem Jahr 1960. Die Schweizer Familie Robinson erleidet auf dem Weg in eine neue Heimat Schiffbruch und baut sich mit den geretteten Gütern ein Baumhaus auf einer Insel im Indischen Ozean. [10]
Der Baum und die unzähligen Blätter sind allesamt künstlich – und sehen doch täuschend echt aus (zumindest aus der Ferne).

---

[10]   vgl: https://de.wikipedia.org/wiki/Der_Schweizerische_Robinson (Stand 07/ 2019)

Pirates' Beach

Auf Kapitän Hook's Galeere (Captain Hook's Galley) steht Kindern ein ganzes Deck zum Toben und Klettern zur Verfügung. Hier können sich Kinder nach Lust und Laune auspowern und die Abenteuer von Peter Pan und den verlorenen Jungs nachspielen.

Diese Attraktion erfordert keine Mindestgröße.

Adventure Isle

Inmitten der Adventure Isle gelegen, bietet *Skull Rock*, der Piratenschädel, einen imposanten Eindruck. Wer *Skull Rock* betritt, muss sich seinen Ausweg durch labyrinthartige Höhlengänge auf verschiedenen Ebenen bahnen. Der Weg ist hierbei das Ziel und wer sich auf dem Weg nach draußen nicht verirrt, findet vielleicht sogar den Schatz des berüchtigten Piraten Davy Jones.

Der Haupteingang von *Skull Rock* befindet sich gegenüber dem Spielplatz *Kapitän Hooks Galeere*. Alternativ können Abenteursuchende auch den Hintereingang oder den Zugang über die Hängebrücke *Pont Suspendu* (verbotene Brücke) wählen. Und durch die Augen des Totenschädels hindurch hat man einen guten Ausblick über die Adventure Isle. Ein Aufstieg lohnt sich also in jedem Fall.

Hinweise: An dieser Walk In-Attraktion gibt es keine Wartezeiten, auch wenn *Skull Rock* bei besucherstarken Zeiten deutlicher voller ist als von außen ersichtlich. Ein Besuch dauert je nach Intensität 10 bis 20 Minuten.

Fans von Hängebrücken und Geheimwegen kommen auf der *Adventure Isle* definitiv auf ihre Kosten. Für Menschen mit Höhenangst ist die Hängebrücke jedoch nicht geeignet.

Diese Attraktion erfordert keine Mindestgröße.

Fun Fact: Als Basis für die Gestaltung der Adventure Isle und *Skull Rock* dienen Buch und Film *Die Schatzinsel*.

Indiana Jones™ and the Temple of Peril

Einmal auf den Spuren von Indiana Jones™ wandeln und den *Tempel des Todes* erkunden – hier werden kühne Träume Wirklichkeit! Vorbei am verlassenen Expeditionscamp des berühmtesten Archäologen aller Zeiten, gelangen mutige Entdeckerinnen und Entdecker direkt zum verlassenen Tempel. Im Inneren der Ruine rasen Gäste mit hoher Geschwindigkeit über ruckelige Schienen und durch einen atemberaubenden Looping. Wer die Augen offen lässt, kann am höchsten Punkt der Strecke großartige Blicke über das Parkgelände erhaschen.

Mindestgröße an dieser Attraktion ist 1,40 Meter.

Fun Fact: Zwischen Januar 2000 und Ende 2004 fuhr Indiana Jones and the Temple of Perril rückwärts (*Indiana Jones Backwards*), um den Nervenkitzel zu erhöhen.

La Passage Enchanté d'Aladdin

In schön gestalteten Dioramen mit bewegten Puppen wird die Geschichte des Königs der Diebe aus 1001 Nacht, Aladdin, nacherzählt. In *Aladdins verzauberter Passage* gibt es selten Wartezeiten. Je nach Interesse und Alter nimmt der Besuch ca. fünf bis zehn Minuten in Anspruch und ist besonders für kleine Kinder interessant.
Die als orientalische Passage gestaltete Walk In-Attraktion passt thematisch hervorragend in den wirklich sehenswerten *Adventureland Bazar*.

Diese Attraktion erfordert keine Mindestgröße.

Adventureland Bazar

Ein echtes Schmuckstück in Disneyland® Paris ist der orientalische *Adventureland Bazar*. Der Haupteingang befindet sich linkerhand auf der Central Plaza, etwas zurückgesetzt und versteckt hinter Palmen und Dünen. Wer unter dem Torbogen hindurchgeht, betritt eine Welt wie aus Tausendundeiner Nacht und wandelt auf den Spuren von Aladdin im sagenumwobenen Agrabah. Neben einer kleinen Walk In-Attraktion mit bewegten Dioramen befinden sich dort ansonsten hauptsächlich Boutiquen, Imbissstände, an denen es mit viel Glück den legendären *Mango Whip* gibt, sowie das Restaurant *Agrabah Café*. Um die Ecke des Restaurants befindet sich außerdem ein Fotopoint mit Aladdins dampfender und sprechender Wunderlampe.

Tipps: Laufen Sie nicht zu schnell durch den Torbogen hindurch, sondern werfen Sie einen Blick nach oben: Der beeindruckende Kronleuchter im Durchgang des *Adventureland Bazar* ist ein Geschenk des saudischen Prinzen Al Waleed bin Talal, der 10 Prozent der Disneyland® Paris-Aktien hielt,[11] bis der Mutterkonzern auch diese Aktien zurückgekauft hat.

Auf dem Dach des Festungsturms befindet sich zudem ein ganz besonderes Ei: Dort hat der *Rokh-Vogel,* ein Fabeltier aus den Märchen von Sindbad dem Seefahrer, sein überdimensional großes Nest gebaut.
Und, ganz praktisch: Im Torbogen sind Toiletten zu finden, die man schnell übersieht.

---

11   vgl.:https://www.handelszeitung.ch/invest/rekord-kurssprung-bei-euro-disney-wegen-kaufangebot-1339462 (Stand 10.02.2017)

Pirates of the Caribbean

Ab in die Boote und bereit machen zum Entern! Wagemutige *Landratten* fahren in Booten durch die Dark Ride-Attraktion *Piraten der Karibik* und geraten mitten hinein in ein großes Piratenabenteuer: Während die Fahrt zunächst gemächlich durch eine beschauliche Vollmond-Szenerie führt, geraten die Boote recht bald in einen waschechten Piratenangriff hinein. Den brennenden und einstürzenden Bauten gerade noch rechtzeitig entkommend, finden sich Gäste der Attraktion kurz darauf inmitten brandschatzender und plündernder Piraten wieder.

Am Ende bleibt den Piraten leider nicht mehr genug Lebenszeit übrig, um die erbeuteten Schätze auszugeben. Als Skelette bewachen sie ihre Beute und entlassen die staunenden Gäste mit einem fröhlichen Piratenlied, gesungen von Jack Sparrow höchstpersönlich, zurück ans Tageslicht. In dieser Schlussszene sitzt er übrigens auf über 30.000 (!) Goldmünzen, die alle händisch aufgeklebt wurden.

Hinweise: Pirates of the Carribean ist eine echte Familienattraktion, auch wenn das Fahrtempo an der einen oder anderen Stelle zunimmt und es sogar in die Tiefe gehen kann. Auch ist es teilweise sehr laut, wenn ein wahres Feuerwerk an Special Effects gezündet wird.

Für Menschen mit Platzangst ist diese Attraktion möglicherweise nur eingeschränkt geeignet, da man in dunklen Tunneln anstehen muss und durch dunkle Wasserstraßen fährt. Lange Wartezeiten können jedoch vermieden werden, wenn man die Attraktion in den späten Abendstunden benutzt. Dann sind die Wartezeiten mit etwas Glück kürzer als tagsüber.

Diese Attraktion erfordert keine Mindestgröße.

Fun Facts:

Idee und Planung für die Attraktion *Piraten der Karibik* stammen noch von Walt Disney selbst. Leider starb er, bevor seine Planung realisiert werden konnte. Die erste *Pirates of the Caribbean*-Attraktion wurde 1967 in Disneyland in Anaheim, Kalifornien, eröffnet. Verschwörungstheorien zufolge liegt der Körper von Walt Disney übrigens tiefgefroren und gut versteckt in der Attraktion, damit er in besseren Zeiten wieder aufgetaut werden kann. Dieses Gerücht kann man höchstwahrscheinlich als sehr unrealistisch einstufen.

Die Attraktion *Pirates of the Caribbean* diente außerdem als Grundlage für den ersten Film der *Fluch der Karibik*-Filmreihe – nicht umgekehrt. Attraktion und Film sind seit Erscheinen der Filme untrennbar miteinander verbunden und erfreuen sich gleichermaßen hoher Beliebtheit. Unbestritten haben die Drehbuchautoren jedoch ein hohes Maß an Kreativität an den Tag gelegt, denn selbstverständlich kann eine nur wenige Minuten dauernde Fahrt durch die Karibik keinen Stoff für die mittlerweile fünfteilige Filmreihe abbilden. Wer genau hinschaut, kann auf dieser *Bootstour mit Höhen und Tiefen* (Spritzwasser inklusive) Szenen aus dem Film entdecken — und sogar den legendären Freibeuter Jack Sparrow und andere Figuren der *Fluch der Karibik*-Filmreihe in Aktion erleben.
Adaptiert wurde auf jeden Fall die Szene zu Beginn, wenn Gefangene versuchen, einem Hund die Schlüssel zu ihrer Zelle abzuluchsen.

Restaurants

Capitain Jack's - Restaurant des Pirates
(À-la-carte-Restaurant; ehemals "Blue Lagoon")

Das *Capitain Jack's* ist Teil der Attraktion *Pirates of the Caribbean* und dadurch fast schon eine eigene Attraktion.

Während die Boote der Attraktion vorbeischippern, werden am Ufer des Südsee-Strandes kreolische Fischspezialitäten und außergewöhnliche Fleischgerichte serviert. Vegetarisches Essen wird ebenfalls angeboten.

Im *Captain Jack's* kann man entweder à la carte speisen oder ein Menü bestellen. Das Menü kostet für Erwachsene um die 42 Euro, für Kinder ab 20 Euro.

Tipp: In der Regel sind die Speisen im Menü günstiger als separat bestellt.

Restaurant Agrabah Café
(Buffetrestaurant)

In den verwinkelten Gassen des Marktes von Agrabah lässt es sich wie in einem Märchen aus 1001er Nacht schlemmen. Gäste des *Agrabah Café* werden mit allerlei herzhaften Fleischgerichten und süßen Köstlichkeiten der arabischen Küche verwöhnt, so dass kaum ein Wunsch offenbleibt.

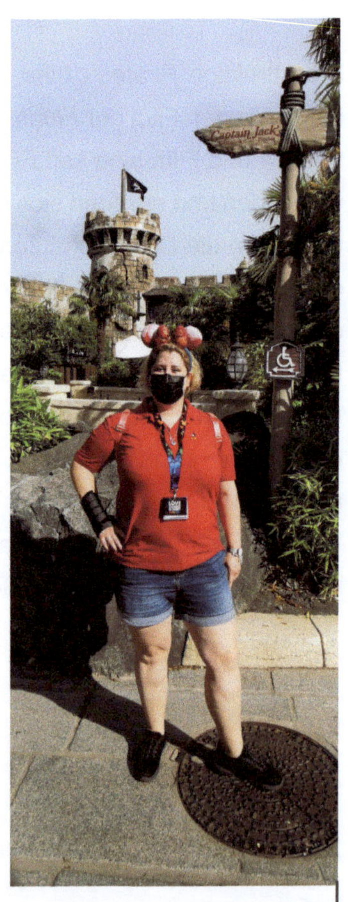

Ein kurzer Stopp vor der Mittagspause in Capain Jack's Restaurant, im Hintergrund die Pirates of the Carribbean

Die in diesem Restaurant servierten Speisen werden nach Halal-Grund-
sätzen zubereitet. Insbesondere das Vorspeisenangebot bietet vegetarische Optionen.

Das Menü kostet 36 Euro für Erwachsene und 19 Euro für Kinder. Die
Getränke sind nicht inklusive. Gezahlt wird im Voraus beim Betreten des
Restaurants. Weitere Getränke müssen nachgezahlt werden.

Ein echter Wermutstropfen: Das Restaurant schließt oft schon einige
Stunden vor der offiziellen Parkschließung.

Fun Fact: An der Stelle des heutigen Restaurants Café Agrabah befand
sich in den Anfangsjahren ein wunderschöner Indoor-Basar, in dem
allerlei Geschenkartikel aus den Schatzkammern der Märchen von 1001
Nacht oder auch afrikanische Trommel- und Handwerkskunst feilgeboten
wurden. Die vier ineinander übergehenden Läden

- L'Echoppe d'Aladdin
- La Reine des Serpents
- Le Chant de Tams-Tams
- Les Trésors de Schéhérazade

luden Gäste zum Bummeln durch verwinkelte Gassen und dem Bestaunen orientalischer Schätze ein. An kleinen Tischen konnte man beim Genuss von arabischem Gebäck und heißem Minztee verweilen und dem
Treiben im Basar zuschauen.

Zum Jahresende 1999 wurde an der Stelle des Basars das Restaurant
Café Agrabah eröffnet. Von den ursprünglichen Geschäften ist heute nur
noch die Schatzkammer der Schéhérazade (Trésors de Schéhérazade)
übriggeblieben. Die anderen Geschäfte wurden teilweise in das Restaurant Café Agrabah integriert und lassen die frühere Schönheit erahnen.

Colonel Hathi's Pizza Outpost (Schnellrestaurant)

Während Colonel Hathi im Disney®-Klassiker *Das Dschungelbuch* die
Elefantenpatrouille auf dem Weg *durch* den Dschungel anführt, führt er
in Disneyland® Paris hungrige Abenteurer direkt *hinein* in diesen der
Kolonialzeit entsprungenen Außenposten (Outpost). Bei Pizza, Pasta,
Salaten und hin und wieder Live-Musik kommt die ganze Kompanie wie-
der zu Kräften.
Neben einem großen Innenbereich, in dessen Mitte ein großer Baum für
Dschungel-Atmosphäre sorgt, weist das Restaurant einen großzügigen,
idyllischen Außenbereich auf.

Zum Reinhören: *Cavalry of the Steppes* der Royal Hussars

Fun Fact: Bevor Colonel Hathi den Pizza Outpost übernahm, hieß das
Restaurant *Explorers Club* und war ein exklusiver Treffpunkt für
Forschende und Abenteuersuchende. Wo heute Pizza und Lasagne im
SB-Restaurant angeboten werden, wurde das Essen im Explorers Club
(u.a. Meeresfrüchte und Lamm) à la carte serviert. Von Zeit zu Zeit gab
sich sogar der berühmte Afrikaforscher David Livingston die Ehre und
unterhielt die Gäste mit Anekdoten seiner Expeditionen.
Wie das Restaurant vor der Neu-Thematisierung ausgesehen hat, lässt
sich noch gut erahnen - die Deko im Innenraum des Restaurants wurde
nicht großartig verändert und selbst die Fahne mit dem alten Logo hängt
noch im Innenbereich.

Blick auf die zauberhaften Kuppeln im Adventureland Bazar

Restaurant Hakuna Matata (Schnellrestaurant)

Im *Hakuna Matata* begrüßen Timon und Pumba, die Helden aus dem Disney®-Film *Der König der Löwen*, ihre Gäste in afrikanischem Ambiente. Im Restaurant werden Fleischbällchen, Kebab, Salate und Hähnchen serviert. Sowohl der Innen- als auch der Außenbereich laden zum Verweilen ein. Hin und wieder gibt es sogar Live-Musik oder Trommler, bei denen Gäste mittrommeln dürfen.

Café de la Brousse (Imbiss)

Das *Café de la Brousse* serviert kleine Snacks für zwischendurch. Es hat hauptsächlich am Wochenende und bei großem Besucherandrang geöffnet. Am Seeufer gelegen bietet es einige Plätze, von denen die meisten Schutz vor dem Trubel der vorbeiziehenden Besuchermassen bieten. Von dort aus hat man außerdem den schönsten Blick auf das Schiff von Kapitän Hook und die Adventure Isle.

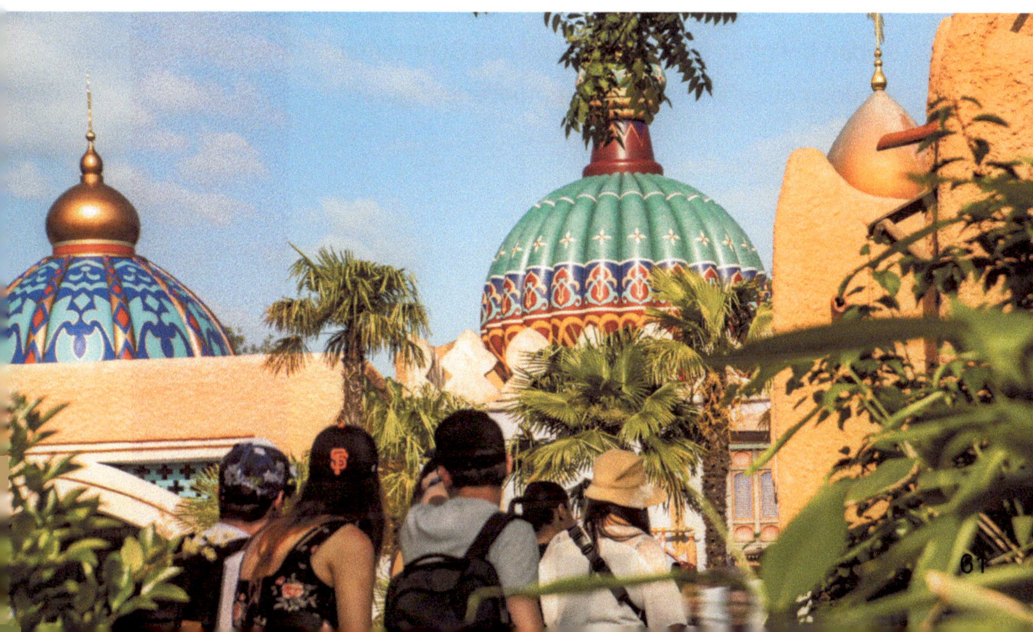

Best of Souvenirs / Shopping

- *La Coffre du Capitain* – kleine Piratinnen und Piraten, Peter Pan- und Tinkerbell-Fans können sich hier stilecht einkleiden. Auch Nightmare before Christmas-Merchandise wird angeboten

- *La Giraffe Curieuse* – ein kleiner, aber feiner Shop, der teilweise exklusive, außergewöhnliche Produkte anbietet.

Fun Fact: Haben Sie sie schon entdeckt? Vom Baumhaus der Familie Robinson und vom Steg hinter der *Adventure Isle* aus kann man die Figuren *Carl* und *Russell* aus dem Film *Oben!* entdecken, die es sich auf einem Bootssteg gemütlich gemacht haben. Sie „bewachen" ein Motorboot, das dem Boot aus dem Film *African Queen* mit Humphrey Bogart und Ingrid Bergmann nicht nur zufällig ähnelt. Viel Spaß bei der Suche nach den beiden Pixar-Helden!

Außerdem treiben sich Kaa, die Schlange aus dem *Dschungelbuch,* und der Vogel Zazu aus *Der König der Löwen* im Adventureland herum. Diese beiden befinden sich in der Nähe des Schnellrestaurants *Hakuna Matata* – jedoch ebenfalls nur als fest montierte Figuren.

Shopping im Laden der Giraffe Curieuse

Fantasyland®

Große und kleine Fans der Disneyklassiker werden im Fantasyland® ein Teil ihrer Lieblingsfilme: Gruseln Sie sich mit *Schneewittchen* auf der Flucht vor ihrer bösen Stiefmutter und begleiten Sie *Pinocchio* dabei, wie er ein richtiger Junge wird. Drehen Sie eine Runde auf dem Rücken von *Dumbo* oder in den Teetassen des verrückten Hutmachers und seien Sie Gast im Schloss von *Dornröschen*. Danach nimmt Sie *Peter Pan* gerne mit auf einen Flug über London und biegt mit Ihnen am zweiten Stern rechts ab Richtung Nimmerland. Und in *It's a small world* können Sie mit eigenen Augen sehen, wie klein unsere Welt wirklich ist.

Wie zum Beweis rückt Europa im Fantasyland® eng zusammen: England, Deutschland, Frankreich und Italien sind nur wenige Schritte voneinander entfernt. Dort wird den großen europäischen Autorinnen und Autoren wie J.M. Barrie, Lewis Carrol, P.L. Travers und den Gebrüdern Grimm gehuldigt, deren große Werke von Disney® adaptiert wurden und ihren Weg in die Attraktionen gefunden haben.

Fantasyland® ist außerdem das (Themen-)Land der Burgen und Schlösser mit den meisten Türmchen: Neben dem *Sleeping Beauty Castle* sind auch das *Schloss der Herzkönigin* und die Pizzeria *Bella Notte* gut betürmt. Doch auch in der Botanik ist Fantasyland® Spitzenreiter: Hier sind die meisten in Form getrimmten Büsche des Resorts zu bestaunen, allen voran Dumbo, der schon seit 1992 in aller Pracht erstrahlt und größer ist als die anderen seiner Art.

Kleine Pause am Brunnen von Cinderella

Attraktionen

Sleeping Beauty Castle – Dornröschen-Schloss

Bereits von der Main Street U.S.A.® aus hat man einen tollen Blick auf das *Sleeping Beauty Castle* – das *Dornröschen-Schloss*. Das ganze Ausmaß dieses imposanten Schlosses sieht man jedoch erst, wenn man direkt davorsteht: Mit 45 Metern Höhe ist es das höchste Gebäude im Disneyland Park und überragte bis zum Bau des Freefall-Towers im Walt Disney Studios® Park alle anderen Attraktionen in Disneyland® Paris. Im Erdgeschoss des Schlosses befinden sich zwei Shops: Die *Boutique du Chateau* bietet ganzjährig Weihnachts- und Hochzeitsaccessoires, während *Merlin L'Enchanteur* feinste Glasarbeiten führt. Mit etwas Glück kann man sogar Glasbläserinnen oder Glasbläser bei der Arbeit beobachten.

In der oberen Etage des Schlosses wird die Geschichte von Dornröschen erzählt. Hier tragen Bäume anstelle von Säulen und Bögen das Dach, funkelnde Äste schaffen eine romantische Atmosphäre. Wer nach so viel Romantik an die frische Luft muss, kann vom Balkon aus das gesamte Fantasyland® überblicken – es lohnt sich.

Abends ist das Schloss mit seinen vielen großen und kleinen, an der Spitze vergoldeten Türmen wunderschön beleuchtet und bietet als Leinwand Platz für das allabendliche Spektakel.

Fun Facts: Wie baut man ein unechtes Schloss für europäische Gäste, die im Gegensatz zu vielen amerikanischen Parkbesuchern echte Schlösser kennen? Vor dieser Herausforderung standen die Macher des Parks bei der Planung des Schlosses. Die Frage war relativ einfach zu beantworten: Ein richtiges Schloss musste her. Inspiration und Vorbilder fanden die Disney®-Imagineers in den wunderschönen Schlössern der Loire, in Kirchen sowie dem berühmten Mont-Saint-Michel in der Normandie. Als Tribut an diese traditionsreichen europäischen Burgen und Schlösser wurde außerdem davon Abstand genommen, wie üblich Fiberglas zu verwenden. Stattdessen wurde solides Baumaterial eingesetzt, um das Schloss auch wirklich echt wirken zu lassen.[12]
Rosa wurde bewusst als Außenfarbe für das Schloss gewählt, um den oft grauen europäischen Himmel zu kontrastieren. So ist das Schloss auch bei Regen und Nebel gut zu erkennen. Auch die Ausrichtung ist kein Zufall: Durch die Ausrichtung des Schlosses nach Süden ist es zu jeder Tageszeit ins rechte Licht gerückt. Dies ermöglicht Fotos des Schlosses von der Main Street U.S.A.® aus ohne störenden Lichteinfall. Und damit sie den Blick auf das Schloss nicht verdecken, werden die Bäume ent-

---

12   Vgl. Eisner, Michael D., Disney ist jeden Tag ein Abenteuer, Wilhelm-Heyne-Verlag GmbH & Co. KG, München, 1999,S. 327

lang der Main Street U.S.A. ® in regelmäßigen Abständen ausgetauscht, bevor sie zu groß werden.

Die Turmspitzen sind teilweise mit echtem Blattgold verziert – rund 2,4 Kilogramm Gold bringen das Schloss zum Glänzen. Ebenfalls vergoldet sind kleine Schnecken, die sich auf einigen Türmen zur Turmspitze *flüchten* – ein augenzwinkerndes Tribut an Frankreich bzw. die französische Küche, in der Schnecken als Delikatesse geschätzt werden.

La Tanière du Dragon

Im Kellergewölbe des Schlosses spuckt ein in Ketten gelegter, gruselig-schauriger Drache Dampf – um kurz darauf wieder in einen dämmerigen Schlaf zu verfallen. Doch Achtung, es kann jederzeit wieder losgehen und die von Schwefel geschwängerte Luft wird wieder vom Grollen des übellaunigen Drachen erfüllt!

Die Grotte des Drachen erreicht man entweder über den Shop *Merlin L'Enchanteur* (Merlin, der Zauberer) oder durch verschiedene Eingänge auf der Westseite des Schlosses.

Hinweis: Kleine Kinder könnten sich in dieser Attraktion gruseln, denn der Drache sieht wirklich echt aus und in der Höhle ist es sehr dunkel.

Fun Fact: Das Dornröschen-Schloss ist das einzige Disney®-Schloss weltweit mit einem eigenem Drachen im Keller.

Excalibur

Für kleine und große *Drachenbezwinger* empfiehlt es sich, vor einem Besuch in der Drachenhöhle das berühmte Schwert *Excalibur* aus dem Stein zu ziehen. Wenn es der junge König Artus nicht gerade herausgezogen hat, ist es hinter dem Schloss im Schlosshof zu finden. Viel Erfolg!

Blanche-Neige et les Sept Nains®

In Loren für vier Personen begibt man sich auf die Reise, um das Abenteuer von Schneewittchen und den sieben Zwergen mitzuerleben. Während es im Haus der sieben Zwerge beschaulich und fröhlich beginnt, wird es danach schnell gruselig. Die Fahrt führt durch einen dunklen Wald und furchteinflößende Sümpfe hindurch, hinter (fast) jeder Biegung lauert die böse Stiefmutter. Bekanntermaßen gibt es ein Happy End, jedoch sollten Sie berücksichtigen, dass sich kleine Kinder ängstigen könnten.

Tipp: Schauen Sie genau hin: Aus dem höchsten Fenster des Hauses, direkt über dem Eingang zur Attraktion, schaut von Zeit zu Zeit die böse Stiefmutter herab. Ob sie sich wohl über all die fröhlichen Gäste ärgert?

Diese Attraktion erfordert keine Mindestgröße.

Ob ich das Schwert herausziehen konnte?

Les Voyages de Pinocchio

Die kleine Holzpuppe Pinocchio kann das Lügen einfach nicht lassen –
und wird dafür mit einer stetig wachsenden Nase aus Holz und haar-
sträubenden Situationen bestraft. In Wagen für sechs Personen geht die
Fahrt zunächst durch Gepettos Werkstatt, in der alles beginnt. Leider
gerät Pinocchio an die falschen Freunde und landet in einem poppig-
bunten Vergnügungspark, in dem die feierwütigen Jungs zur Bestrafung
in Esel verwandelt werden. Als wäre das nicht schlimm genug, wird Pinocchio auch noch von einem Wal verschluckt. Fahrgäste bekommen

all dies hautnah mit. Doch Jimney, die Grille, begleitet Pinocchio und die Passagiere sicher durch das Abenteuer und zu dem bei Disney® obligatorischen Happy End.

Diese Attraktion erfordert keine Mindestgröße.

Le Carrousel de Lancelot

Aufsteigen und losfahren – viel mehr ist nicht nötig, um ein paar Runden auf dem *Karussell von Lanzelot* zu drehen, das in seiner Aufmachung an Jahrmarktkarussells aus dem 19. und 20. Jahrhundert erinnert.
Für jedes Alter und jede Größe ist eine Mitfahrgelegenheit vorhanden. Vom kleinen Pony bis zum großen Streitross kann man sich entweder ein Pferd aussuchen oder ganz bequem in einer Kutsche Platz nehmen – um bei traumhafter Film-Musik aus Disney®-Klassikern ein paar Runden auf dem Karussell zu drehen. Die größten und prunkvollsten Pferde stehen dabei außen; von außen nach innen werden die Pferde kleiner und sind weniger detailreich verziert.

Diese Attraktion erfordert keine Mindestgröße.

Fun Facts: Mit 86 Pferden und zwei Kutschen ist dieses Karussell das größte seiner Art in Europa. Zehn der Pferde sind sogar von Hand gefertigt und mit Blattgold verziert.
Um die Farben der Pferde und Kutschen aufzufrischen sind zehn Fachleute rund zwei Wochen beschäftigt.

Peter Pan's Flight

Nie erwachsen werden – was auf den ersten Blick unrealistisch erscheint, wird hier möglich. Die Attraktion *Peter Pan's Flight,* ein Dark Ride, führt durch bekannte Szenen des Disney®-Klassikers *Peter Pan* von 1953. Dieser wiederum basiert auf dem gleichnamigen Roman des britischen Autors Sir James Barrie.

Gäste *fliegen* mit der Hilfe von Feenstaub (Pixie Dust) in kleinen verzauberten Piratenschiffen hinter Peter Pan her und über das nächtliche London hinweg. Am zweiten Stern rechts biegen Sie ab, in den Sternenhimmel hinein und mit kleinen Umwegen ins Nimmerland. Dort kommen Sie natürlich auch zur Bucht der Meerjungfrauen und können Peter Pan dabei zuschauen, wie er Tiger Lilly rettet und Kapitän Hook (wieder einmal) besiegt. Natürlich hat auch das Krokodil Ticktack seinen großen Auftritt.

Die Fahrt dauert rund drei Minuten.

Diese Attraktion erfordert keine Mindestgröße.

Tipp: An dieser Attraktion ist aufgrund ihrer großen Beliebtheit durchgehend mit langen Wartezeiten zu rechnen.

Gegen Aufpreis ist das Premier Acces Pass-System verfügbar, um langes Anstehen zu umgehen.

Fun Facts: Die Attraktion Peter Pan ist in allen Disney-Resorts weltweit zu finden und war eine der Lieblingsattraktionen von Walt Disney. Schauen Sie im Kinderzimmer der Darling-Kinder genauer hin – entdecken Sie den versteckten Hinweis auf den Namensgeber (Walt) Disney®?

Disneyland Railroad – Fantasyland® Station

Zwischen dem Restaurant *Toad Hall* und der *Festival Stage* befindet sich der Eingang zur *Fantasyland® Station*, an der die *Disneyland Railroad* hält. Je nach Kapazität ist ein Zustieg schneller oder langsamer möglich.

Meet Mickey Mouse

Vorhang auf: Im *Festival-Stage* kann man Micky Maus, *den* Disney®-Charakter schlechthin, aus der Nähe sehen und in seiner Garderobe treffen. Oft wird er dabei von seiner Freundin Minnie Maus und weiteren Freunden begleitet.
Ein Treffen mit Micky Maus ist tatsächlich etwas Besonderes, denn es wird aus Gründen der Authentizität darauf geachtet, dass wirklich nur eine einzige Micky Maus im ganzen Resort unterwegs ist. Denken Sie an ein Erinnerungsfoto!

Fun Fact: Dort, wo heute *Meet Mickey Mouse*, der Treffpunkt für die allseits beliebte Maus eingerichtet ist, befand sich früher die *Fantasy Festival Stage*. Dort wurden wechselnde Shows aufgeführt, u.a. *Winnie Puuh und seine Freunde* oder *Disney Magic Music Days*.
2011 wurde die Fantasy Festival Stage geschlossen und in den Treffpunkt für Micky Maus umgewidmet, der 2012 eröffnet wurde. Seitdem erfreut sich *Meet Mickey Mouse* großer Beliebtheit – schließlich ist Micky der unangefochtene Star des Disney-Universums und ein Foto mit ihm gehört einfach dazu.

Dumbo the Flying Elephant

Dank einer magischen Feder kann Dumbo fliegen – und nimmt seine Gäste mit auf einen Outdoor-Rundflug über das Fantasyland®. Die Elefanten drehen sich im Kreis und können nach oben und unten bewegt werden. Ein Elefant bietet bis zu zwei Erwachsenen mit Kind Platz.

Diese Attraktion erfordert keine Mindestgröße.

Fun Fact: Ein als *Dumbo* getrimmter Formstrauch befindet sich gegenüber des Restaurants *Au Chalet de la Marionette* und ist gleichzeitig die älteste und größte Figur seiner Art im Park.

Alice's Curious Labyrinth

Bahnen Sie sich einen Weg durch das verrückte Labyrinth und erklimmen Sie als Belohnung das (übersichtlich kleine) Schloss der bösen Herzkönigin.
Wer es auf den Turm des Schlosses geschafft hat, wird mit einem tollen Blick über das Fantasyland® hinweg belohnt. Außerdem können Sie den Weg zurückverfolgen und schauen, wo Sie in die Irre geführt wurden. Haben Sie unterwegs den Thron der Herzkönigin entdeckt?

Diese Attraktion erfordert keine Mindestgröße.

Fun Facts: Mit den Realverfilmungen von Tim Burton erlebte der Disney®-Klassiker *Alice im Wunderland* einen Aufschwung – und war in Disneyland® Paris doch schon immer überaus beliebt.
Einer der Türme des Schlosses wird von einer Rutsche umschlossen –

diese war ganz früher sogar in Betrieb, wurde jedoch bereits nach kurzer Zeit aus Sicherheitsgründen außer Betrieb genommen.

Mad Hatter's Tea Cups

Der verrückte Hutmacher lädt zu einer seiner berühmt-berüchtigten Tee-partys ein – und die Teetassen drehen durch!
In dem wunderschön gestalteten Teepavillon rotieren Teetassen in wilden Kreisbewegungen auf einem Tablett; zusätzlich können die Tassen mit der Hand und eigener Kraft schneller gedreht werden. Also nichts wie einsteigen und durchdrehen!

Diese Attraktion erfordert keine Mindestgröße.

Casey Jr. – le Petit Train du Cirque

Casey Jr. – le Petit Train du Cirque ist eine auf die Ansprüche von Kin-dern ausgerichtete Achterbahn. Während der sprechende Zirkuszug im Disney®-Klassiker *Dumbo* die Zirkustiere von Ort zu Ort zu transportiert, zieht er in Disneyland® Paris die bunten Zirkuswagen mit kleinen und großen Fahrgästen an Bord. Dabei dreht Casey Jr. durchaus rasant zwei Runden um ein Miniaturschloss herum und kreuzt auch das Feenland. Ein toller Blick auf die dortige Miniatur-Märchenwelt ist garantiert!

Diese Attraktion erfordert keine Mindestgröße.

Hinweis: Im Winter ist die Attraktion zeitweise geschlossen.

Le Pays des Contes des Fées

In hübschen Feen-Booten fährt man gemächlich durch eine Miniaturwelt, in der neben Disney®-Klassikern wie *Arielle, Die Schöne und das Biest* sowie *Aladdin* auch europäische Märchenklassiker wie *Peter und der Wolf* einen Platz gefunden haben. An jedem einzelnen Ufer gibt es etwas Neues zu entdecken. Bereits die ersten Klänge Musik kündigen an, welches Märchen als nächstes in Sichtweite kommt. Wer errät es zuerst?

Hin und wieder rast *Casey Jr.* mit seinen Zirkuswagen vorbei und auch die *Disneyland Railroad* lässt sich regelmäßig blicken – diese Attraktion bietet also mehr, als es den ersten Anschein hat.

Diese Attraktion erfordert keine Mindestgröße.

Tipp: Besonders viel Spaß macht die Attraktion im Frühjahr und Sommer, wenn Entenfamilien die Märcheninstallationen als Ruheplatz nutzen. Selbst die kleinsten Küken wirken dabei plötzlich wie Riesen und lassen die eigentliche Attraktion fast zur Nebensache werden.

Im Winter ist die Attraktion zeitweise geschlossen.

It's a small world

In dieser quietschbunten, poppig-fröhlichen Welt fungieren Puppen als Botschafterinnen und Botschafter ihrer Heimatländer. In familientauglicher Geschwindigkeit fahren die Gäste in Booten durch insgesamt 26 Länder dieser Erde. Während das eine oder andere landestypische Klischee mit einem Augenzwinkern bedient wird, kommt man aus dem Staunen und Entdecken nicht heraus. Der allgegenwärtige, in acht Sprachen gesungene Titelsong *It's a small world* garantiert gute Laune und wird zu einem Ohrwurm, noch bevor die Fahrt zu Ende ist. Viel Spaß beim Mitsummen und Erraten der Länder!

Diese Attraktion erfordert keine Mindestgröße.

Fun Facts:
It's a small world wurde ursprünglich für die 1964/65 in New York stattfindende Weltausstellung entwickelt. Aufgrund seiner dortigen großen Beliebtheit wurde die Attraktion nach Kalifornien gebracht und 1966 im dortigen Disneyland® Park wiedereröffnet. Mittlerweile befindet sich in jedem Disney®-Resort weltweit eine adaptierte Version der Attraktion - kein Wunder also, dass bis heute über eine Milliarde Menschen die Attraktion besucht haben.

Blick voraus auf das nächste Abenteuer; im Bild der Brunnen vor It's a small world!

2014 feierte *It's a small world* 50jähriges Jubiläum – und wurde dafür ausgiebig gefeiert, nicht zuletzt am Times Square in New York.

In der Weihnachtszeit wird die Attraktion leicht umgestaltet und erscheint im weihnachtlichen Glanz – selbst der einprägsame Titelsong, der aus der Feder der Sherman-Brüder stammt, wird weihnachtlich eingefärbt.

Tipp: Die Attraktion ist nicht nur innen, sondern auch von außen ein echter Hingucker. Alle fünfzehn Minuten startet ein Glockenspiel im höchsten Turm - ein sehenswertes Schauspiel.

Früher wurden Gäste im Ausgangsbereich von *It's a small world* durch eine Miniaturwelt geleitet, die der Geschichte der Kommunikation gewidmet war – getreu dem Motto, dass die Welt durch Kommunikationsmittel enger zusammenrückt und dadurch immer kleiner wird. In den Anfangsjahren wurde die Attraktion daher passenderweise vom französischen Telekommunikations-Unternehmen France Télécom gesponsert, bis sich das Unternehmen zum 1. Dezember 2008 als Sponsor zurückzog.

An der Stelle dieser Walk-Through-Attraktion wurde der Princess Pavillon errichtet, der am 8. Oktober 2011 seine Türen öffnete.

Princess Pavillon

Der *Princess Pavillon* ist der Ort mit der höchsten Prinzessinnendichte im ganzen Park – ein Ort, an dem Träume kleiner Kinder wahr werden. Während die Prinzessinnen sonst hauptsächlich während der Parade oder auf der Royal Castle Stage zu bewundern sind, kann man hier deutlich näher an die Prinzessinnen herankommen.

Schon der Innenbereich ist äußerst liebevoll gestaltet und mit Gegenstänen der Prinzessinnen dekoriert, die in den jeweiligen Märchen eine große Rolle spielen.

Welche Prinzessin zur Audienz bereit steht, ist mit Angabe der Uhrzeit außen am Pavillon angeschlagen. Im Voraus steht nicht fest, welche Prinzessinnen anzutreffen sind.

Fun Fact:
Tiana aus dem Film *Küss den Frosch* ist die letzte von Hand gezeichnete Prinzessin.

Tipp: Die Prinzessinnen bitten bereits während der Extra Magic Hours zur Audienz.

Da sich am *Princess Pavillon* oft lange Schlangen bilden, ist frühes Anstellen empfehlenswert, wenn möglich, sobald der Zugang zu Fantasyland offen ist.

Dies kann in Abhängigkeit von Frühstücksangeboten im Park und den für Gäste von Disney®-Hotels exklusiven Extra Magic Hours variieren (Angabe ohne Gewähr).

im Reich der Prinzessinnen

Royal Castle Stage

Auf der *Schlossbühne* wird mehrmals am Tag eine Show aufgeführt. Das Thema der Show und die Showzeiten können dem Programm entnommen werden.

Es lohnt sich, rechtzeitig vor Beginn der Show einen Platz zu suchen. Die vordersten Reihen bekommen tolle Einblicke und sehen die Künstlerinnen und Künstler beim Abgang von der Bühne aus direkter Nähe.

Restaurants

Auberge de Cendrillon (À-la-carte-Restaurant)

Für das perfekte Prinzessinnen-Erlebnis kann man in der *Auberge de Cendrillon* mit gekrönten (Disney®-)Häuptern speisen. Kleine (und große) Prinzessinnen und Prinzen kommen aus dem Staunen nicht heraus, wenn Cinderella und andere beliebte Figuren aus dem gleichnamigen Disney®-Klassiker im Restaurant Hof halten und das sowieso schon exklusive französische Essen mit einem Foto der besonderen Art abrunden. Sicher trägt auch das edle, fast königliche Ambiente im Inneren des Restaurants und die Replik von Cinderellas Kutsche im Hof dazu bei, dass ein Essen in der *Auberge de Cendrillon* ein unvergessliches Erlebnis ist. Allerdings ist das Essen nicht ganz billig: Erwachsene zahlen 77 Euro für das Menü, Kinder 45 Euro (Getränke kosten extra; Stand 08/2021).

Fun Fact: Im Hof der *Auberge* befindet sich ein hübscher Kräutergarten. Die Kräuter werden als Zutaten für die Speisen im Restaurant verwendet.

Au Chalet de la Marionnette (Schnellrestaurant)

Alpen-Atmosphäre im Disney®-Stil erwartet Sie in der Almhütte der beliebten Marionette *Pinocchio*. Neben Fleischgerichten wie beispielsweise Hähnchen, Bratwurst und einem bajuwarischen Hotdog mit Currywurst-Sauce gibt es auch einen vegetarischen Burger sowie leckeren warmen Apfelstrudel. Der Gastraum ist großzügig und gemütlich eingerichtet und für Familien gut geeignet. Wenn alle anderen (Schnell-)Restaurants belegt sind, findet sich hier oftmals noch ein Plätzchen – wenn auch mit Geduld und Glück und vielleicht trotz schlechten Wetters im großzügigen, in weiten Teilen überdachtem Außenbereich.

Tipp: Für das Essen der Kleinsten steht eine Mikrowelle bereit.

L'Arbre Enchanté (Imbiss)

Der verzauberte Baum (L'Arbre Enchanté) bietet Getränke und kleine Snacks. Zu finden ist der kleine Imbiss linkerhand des Shops *Sir Mickey's Boutique*. Der Wagen ist besonders liebevoll gestaltet und hatte in den vergangenen Jahren schon verschiedenste Einsatzmöglichkeiten.
Kleiner Wermutstropfen: Eigene Sitzgelegenheiten bietet der Imbiss leider nicht.

March Hare Refreshments (Imbiss)

Perfekt eingepasst in die Umgebung rund um das Labyrinth vor dem Schloss der bösen Herzkönigin aus *Alice im Wunderland*, bietet *March Hare Refreshments* Erfrischungen (Refreshments) und kleine Snacks an. Kunterbunte Stühle und Tische laden zum kurzen Verweilen in einem kleinen Garten mit Blick auf die durchdrehenden Teetassen ein.
Tipp: Besonders sehenswert ist die große Teekanne neben der reetgedeckten Hütte, die von Zeit zu Zeit dampft und deren Deckel sich hebt. Wer da wohl neugierig hervorlugt?

Pizzeria Bella Notte (Schnellrestaurant)

Die Pizzeria *Bella Notte* bietet typisches italienisches Essen wie Pasta, Pizza und Lasagne an - in rosa Italo-Ambiente. Natürlich gibt es hier auch die legendären Spaghetti mit Fleischbällchen, die sich das Hundepaar Susi & Strolch im Zeichentrickfilm teilen und über deren Tellerrand hinweg sie sich ineinander verlieben.

Direkt neben der Pizzeria Bella Notte befindet sich die Eisdiele *Fantasia Gelati.* Hier werden leckere und besondere Eisspezialitäten von *Carte D'Or* angeboten.

The Old Mill (Imbiss)

Die alte Mühle (Old Mill) bietet süße Snacks und kalte und warme Getränke an. Sie befindet sich linkerhand neben dem *Princess Pavillon* und ist kaum zu übersehen. Ein paar Tische und Stühle bieten Sitzgelegenheiten. Saisonal ist neben der Mühle ein meet & greet eingerichtet.

***The Old Mill früher und heute:**

Wenngleich die Alte Mühle heutzutage lediglich ein Snack-Imbiss mit wechselndem Angebot für den kleinen Hunger ist, so war die Mühle früher selbst eine Attraktion: Les Pirouettes du Vieux Moulin (The Old Mill) war eine Art kleines Riesenrad und wurde im Juni 1993 eröffnet. In großen Holzeimern, die als Gondeln genutzt wurden, konnte man ein paar langsame, kurze Runden mit Blick über das Fantasyland drehen. Die Fahrt dauerte knapp drei Minuten; in jeden der insgesamt acht Holzeimer passten bis zu vier Personen. Im Winter war die Attraktion geschlossen; dafür wurden die Holzeimer in der Weihnachtszeit mit großen Päckchen bestückt.

Das Konzept für das kleine Riesenrad stammte bereits aus dem Jahr 1954, fand jedoch bis dato nie den Weg in einen der anderen Disney-Parks. 35 Jahre später holte ein Imagineer die Originalskizze aus dem Archiv und adaptierte die Idee für Disneyland Paris.

Die Attraktion wurde 1999 erstmalig geschlossen. Im Jahr 2000 wurde sie zwar wiedereröffnet, jedoch 2002 endgültig geschlossen.

Die Idee für die Attraktion geht auf den Kurzfilm The Old Mill aus dem Jahr 1937 zurück. In diesem Film geht es um den Kampf der in und um die Mühle herum lebenden Tiere, denen in einer sturmumtosten Nacht so einiges abverlangt wird.

Toad Hall Restaurant (Schnellrestaurant)

Passend zum britischen Themenbereich wird in der *Toad Hall* das britische Nationalgericht Fish&Chips serviert. Im Inneren des Restaurants, das architektonisch einem englischen Herrenhaus im Tudor-Stil nachempfunden wurde, kann man beim Essen neben porträtierten Szenen aus dem Film *Die Abenteuer von Ichabod und Taddäus Kröte* auch allerlei *krötige* Dekoelemente bestaunen.

Fun Fact: Der Name *Toad Hall* kommt nicht von ungefähr: Mr. Toad ist einer der Hauptcharaktere aus dem bereits erwähnten Filmklassiker; dieser Film wiederum wurde von dem Kinderbuch *Wind in den Weiden* inspiriert.

All dies bildet die Grundlage für eine der Eröffnungsattraktionen des Disneyland® Resort Anaheim, *Mr. Toads Wild Ride.* In Anaheim ist die Attraktion im Gegensatz zu Walt Disney World in Florida noch in Betrieb.

Best of Souvenirs / Shopping

- *Sir Mickey's Boutique* – bietet alles, was das Herz von Plüschtierfans begehrt. Hier gibt es eine riesige Auswahl an Plüschfiguren und noch einiges mehr. Am Shop wächst zudem eine riesige Bohnenstange empor, die an den Film „Micky und die Bohnenstange" aus dem Jahr 1947 erinnert

- (Kinder-)Schminken — neben *Sir Mickey's Boutique* kann man sich schminken lassen. Es gibt eine vielfältige Auswahl für Mädchen und Jungen (Kosten ca. 15 Euro). Auch Erwachsene dürfen sich schminken lassen

- *La Chaumière des Sept Nains* – hier gibt es alles, was kleine Prinzessinnen und Prinzen für ihren großen Auftritt benötigen (und noch viel mehr). Mehrere kleine Verkaufsräume laden zum Shoppen ein und sind fast schon eine eigene Attraktion, denn zwischen den einzelnen Räumen sind der Wald und die Hütte der sieben Zwerge liebevoll in das Shop-Konzept integriert.

Allgemeine Tipps:

- Wenn die Besucher bei *Blanche-Neige et les Sept Nains®* Schlange stehen, kann es gut sein, dass bei *Les Voyages de Pinocchio* deutlich weniger los ist – oder umgekehrt. Ein Vergleich der Wartezeiten am Eingang lohnt immer

- Tagsüber starten in unregelmäßigen Abständen Wasserspiele vor dem Schloss – da die Zeiten nicht bekannt sind, ist es Glückssache, ob man eines der Wasserspiele sieht. Oftmals hat man zur vollen oder halben Stunde Erfolg

- In Fantasyland® gibt es Attraktionen, bei denen kleine Gäste bevorzugt in der ersten Reihe der Fahrzeuge sitzen dürfen *(Les plus petits montent les premiers).* Entsprechende Schilder weisen darauf hin. Die Cast Member eilen die Reihen entsprechend zu

- Öffnungszeiten beachten: Das Hauptaugenmerk im Fantasyland® liegt darin, kleine Gäste glücklich zu machen. So finden sich für fast jede Altersstufe eine oder sogar mehrere interessante Attraktionen. Insbesondere der Teil mit den beiden Attraktionen *Casey Jr.* und dem *Feenland* richtet sich an die kleineren der kleinen Gäste, weswegen diese beiden Attraktionen häufig früher schließen als der Rest des Fantasyland®. Wer nun befürchtet, dass Fantasyland® nicht für Erwachsene geeignet ist, sorgt sich umsonst. Erwachsene kommen in diesem Themenbereich genauso auf ihre Kosten wie Kinder.

Discoveryland

Tauchen Sie ein in die retro-futuristische Phantasiewelt von Jules Verne zur Zeit der Pariser Weltausstellung des 19. Jahrhunderts!

Lassen Sie sich von einer Kanone in atemberaubendem Tempo ins Weltall schießen oder fahren Sie mit den Autos von *Autopia®* in die Zukunft. Für mehr Tiefgang begeben Sie sich mit der *Nautilus* auf Tauchgang.

In der Zukunft angekommen, können Sie mit Laserkanonen in *Buzz Lightyear's Laser Blast* feuern und dabei die familieninterne Meisterschaft austragen.

Fans von Star Wars*TM* kommen im Discoveryland ebenfalls voll auf ihre Kosten: Sowohl die Achterbahn *Star Wars™ HyperSpace Mountain: Rebell Mission* als auch der Flugsimulator *Star Tours: The Adventures Continue* zollen dem Imperium Tribut. Möge die Macht mit euch sein!

Attraktionen

Autopia®

Ganz ohne Fahrerlaubnis können kleine und große Menschen benzinbetriebene Retro-Rennautos durch eine Rennstrecke der Zukunft steuern. Führungsschienen halten den Kurs, steuern und Gas geben ist jedoch Aufgabe des Fahrers oder der Fahrerin. Stolze und strahlende Gesichter von Kindern, die das erste Mal selbst ein Auto steuern dürfen, entschädigen für die oftmals langen Wartezeiten. Eine Fahrt dauert ca. fünf Minuten.

Fun Fact: Jedes der rund 70 Autos läuft mit Hybrid-Antrieb. Durch den Einsatz dieser Motoren konnte der Emissionsausstoß signifikant reduziert werden, ohne dabei auf das einzigartige und die Attraktion ausmachende Motorengeräusch zu verzichten.

Mindestgröße an dieser Attraktion sind 81 Zentimeter. Diese Größe berechtigt bereits zum Steuern des Fahrzeugs, wenn die Begleitung mindestens 1,32 Meter groß ist. Ab 1,32 Meter Körpergröße dürfen die Fahrzeuge allein gefahren werden.

Tipp: An dieser Attraktion ist aufgrund seiner großen Beliebtheit durchgehend mit langen Wartezeiten zu rechnen.
Gegen Aufpreis ist das Premier Acces Pass-System verfügbar, um langes Anstehen zu vermeiden.

Buzz Lightyear Laser Blast

Bis zur Unendlichkeit und noch viel weiter!
Helfen Sie *Buzz Lightyear*, dem beliebten Spaceranger aus *Toy Story*, bei seiner Mission zur Vernichtung des bösen Zorg. Im Eingangsbereich gibt Buzz Lightyear höchstpersönlich Tipps und erklärt die Mission. In schwenkbaren Raumschiffen für bis zu zwei große *Spaceranger* werden Ziele mit Laserpistolen abgeschossen. Diese Ziele bringen, je nach Schwierigkeitsgrad, unterschiedlich viele Punkte ein. Unterstützt werden die tapferen Astronautinnen und Astronauten dabei von den Aliens des Pizza Planeten.
Diese Attraktion erfordert keine Mindestgröße.

Tipp: An dieser Attraktion ist aufgrund seiner großen Beliebtheit durchgehend mit langen Wartezeiten zu rechnen. Gegen Aufpreis ist das Premier Acces Pass-System verfügbar, um langes Anstehen zu umgehen.

Buzz Lightyear früher: Le Visionarium

Dort, wo heute Buzz Lightyear mit seiner Laserpistole den bösen Zorg jagt, konnten sich Gäste früher im Le Visionarium durch eine Zeitreise auf Europa auf den Spuren Jules Vernes' begeben. Nach einer Pre-Show, in der Erfindungen der vergangenen Jahrhunderte vorgestellt wurden, nahm der Roboter Timekeeper die Zuschauer in einer Zeitmaschine mit auf die Reise. Begleitet wurden die Besucher aber nicht nur von Timekeeper, sondern auch von Nine-Eyes, einem Kameraroboter, dessen neun Kameras einen 360°-Film möglich machten. Durch den 360°-Film führte Jules Vernes höchstpersönlich, dargestellt vom französischen Schauspieler Gérard Dépardieu, der Gäste sogar mit auf die Pariser Weltausstellung im Jahr 1867 nahm.

Orbitron®

In Raumschiffen, die um das Planetensystem kreisen, werden Passagiere zu Entdeckern. Ähnlich wie in *Dumbo the Flying Elephant* können die Raumschiffe in der Höhe gesteuert werden. Von oben bieten sie einen großartigen Blick über das Discoveryland. Die Wartezeit kann man sich mit der Suche nach dem eigenen Sternzeichen vertreiben.

Diese Attraktion erfordert keine Mindestgröße.

Tipp: Leider sind die Raumschiffe etwas beengt und bieten daher maximal Platz für zwei schlanke Personen.

Disneyland Railroad – Discoveryland Station

Oberhalb von *Star Tours: The Adventures Continue* befindet sich der Bahnhof *Discoveryland Station*. Je nach Kapazität ist ein Zustieg möglich. Für die Fahrt bis zur *Main Street Station* lohnt sich ein Zustieg hier allerdings nicht mehr, falls mit Wartezeiten zu rechnen ist, da die Fahrt nach einer Station schon zu Ende ist.

Star Tours: The Adventures Continue

Star Tours: The Adventures Continue klingt vielversprechend und ist es auch: Auf den Spuren der Jedi-Ritter gelangen Gäste an Bord eines *Starspeeder 1000* mitten in die Schlachten zwischen Imperium und Rebellenallianz hinein und werden dabei ordentlich durchgerüttelt und -geschüttelt. Zu allem Übel gerät der Roboter *C3PO* durch ein Missverständnis auf den Posten des Piloten und steuert die Passagiere mehr schlecht als recht an Katastrophen vorbei und durch Gefechte hindurch.

Wohin es geht entscheidet der Zufallsgenerator: Dank wechselnder Sequenzen aus der Star Wars™-Filmwelt ist kaum ein Flug wie der andere – es gibt rund 60 verschiedene Kombinationsmöglichkeiten! Auf welchen Planeten die Reise geht, bleibt bis zum Start ein Geheimnis. Dadurch wird der Flug in diesem 3D-Flugsimulator auch bei wiederholtem Besuch nicht langweilig.

Die an Bord gezeigten Filme sind überwiegend auf Französisch, einige werden auch auf Englisch gezeigt. Nach Möglichkeit teilen die Cast Member entsprechend der Sprachen zu – einfach fragen. Doch egal welche Sprache gesprochen wird: Action ist garantiert.

Mindestgröße an dieser Attraktion ist 1,02 Meter.

Tipps: An dieser Attraktion ist aufgrund seiner großen Beliebtheit durchgehend mit langen Wartezeiten zu rechnen.
Gegen Aufpreis ist das Premier Acces Pass-System verfügbar, um langes Anstehen zu umgehen.

Wer den Sith Lord *Darth Vader* persönlich kennenlernen möchte, der hat im *Starport* die Gelegenheit zur Audienz. Der Starport ist schon von Weitem durch eine X-Wing auf dem Dach sichtbar. Willkommen auf der dunklen Seite der Macht!

Fun Fact: Einer der Gäste wird per Zufallsgenerator ausgewählt und zu Beginn des Fluges als Agentin oder Agent der Rebellenallianz identifiziert und auf einem Monitor rechts der Leinwand eingeblendet. Dann heißt es: Bitte recht freundlich!

Discoveryland Theater

Im *Discoveryland Theater* werden regelmäßig speziell produzierte 4D-Shows aufgeführt.

Seit Winter 2018 ist Micky Maus der Star im *Discoveryland Theater.* Anlässlich seines 90. Geburtstags ist die Show *Disney's PhilharMagic* in das *Discoveryland Theater* eingezogen. Bei *Disney's PhilharMagic* handelt es sich um eine 4D-Musicalshow, die als buntes Potpourri beliebter Songs und Disneyfiguren bezeichnet werden kann. Neben Micky Maus ist auch Donald Duck in dieser Show am Start, der das Orchester jedoch gehörig durcheinanderwirbelt, als er Mickys Zauberhut aufsetzt und prompt verliert. Während seiner Suche trifft Donald auf allerlei bekannte Gesichter: Lumiére aus *Die Schöne und das Biest* tischt ordentlich auf, die verzauberten Putzeimer aus dem Film *Phantasia* leiten zu Arielle über, die Donald wiederum zum Tanz *unter dem Meer* auffordert. Sie fängt den Zauberhut für ihn auf, bevor es Donald zum *König der Löwen* in die Savanne und zu *Coco* nach Mexiko verschlägt. Mit Hilfe von *Tinkerbell* gelangt Donald schließlich nach London und von dort aus nach Agrabah, bevor Micky eingreift und Donald samt Zauberhut wieder einsammelt.

Die Spielzeiten können dem Programm entnommen werden.

Fun Facts: Das *Discoveryland Theater* (früher CinéMagique) beherbergte schon eine Reihe toller Shows:
Captain EO war die erste je in Disneyland Paris gezeigte 3-D-Show und lief dort ab 1992. Im Weltraumabenteuer Captain EO macht sich Michael Jackson (Captain EO) mit seiner Crew auf den Weg, um einer außerirdischen, grausamen Herrscherin (dargestellt von Anjelica Huston) ein Geschenk zu überbringen, um sie zu besänftigen.
Captain EO aka Michael Jackson beweist, dass die Kraft von Musik und

Tanz das Gute und Schöne in jedem zu Tage fördern kann und führt mit seiner kongenialen Musik und atemberaubenden Tanzeinlagen die Transformation der bösen Herrscherin zu einer wunderschönen und friedlichen Frau herbei.

Im Jahr 1998 wurde die Show aufgrund des Missbrauchsskandal und dem folgenden Prozess gegen Michael Jackson abgesetzt. Erst nach dem Tod Michael Jacksons wurde die Show wieder ins Programm genommen, um seinem künstlerischen Genie Tribut zu zollen: Sie lief nach der Wiederaufnahme im Jahr 2010 bis ins Jahr 2015.

Michael Jackson war zu Lebzeiten oft zu Gast in Disneyland Paris. Ob er sich Captain EO angeschaut hat, kann man nur vermuten. Auf jeden Fall wurde der Park nachts exklusiv für ihn und seine Entourage geöffnet, damit er den Park ungestört genießen konnte. Insbesondere langjährige, ältere Cast Member können vielleicht die eine oder andere Anekdote zu ihren Begegnungen mit dem King of Pop erzählen.

Die Show **Liebling, ich habe das Publikum geschrumpft** (Honey, I shrunk the audience") folgte auf Captain EO. Die Show wurde nach dem Muster des Erfolgsfilmes *Liebling, ich habe die Kinder geschrumpft kreiert,* jedoch mit dem Unterschied, dass der verrückte Professor Wayne Szalinski in der Show-Variante das Publikum anstelle seiner Kinder schrumpfte.

Für diese Attraktion wurde das Innere des Raumes komplett neu gestaltet und durch den Einsatz von bspw. Wind und Wasser zu einer 4-D-Attration ausgebaut. Im Bereich des Gesichts und an den Waden wurde mit taktilen Empfindungen gearbeitet.

Die Show lief von März 1999 bis zur Wiederaufnahme von Captain EO im Jahr 2010.

Les Mystères du Nautilus

Die Walk In-Attraktion *Les Mystères du Nautilus* entführt Gäste in das mysteriöse Reich von Kapitän Nemo aus dem Disney®-Klassiker *20.000 Meilen unter dem Meer.* Im Inneren des sagenumwobenen U-Boots *Nautilus* erfährt man allerlei Wissenswertes über das Leben an Bord und die Pläne des Kapitäns. Mitten in einem Orgelkonzert, das vom Kapitän höchstpersönlich (in Form eines Hologramms) gespielt wird, geraten Besucher in den Angriff eines riesigen Tintenfischs – zum Glück, ohne dabei nass zu werden.

Achtung: Im Inneren der *Nautilus* ist es dunkel und eng. Daher ist die Attraktion für Klaustrophobiker nur bedingt geeignet. Kleine Kinder könnten sich zudem fürchten.

Mindestgröße an dieser Attraktion ist 1,02 Meter.

Star Wars™ Hyperspace Mountain: Rebell Mission

Im *Hyperspace Mountain, der* Hauptattraktion des Discovery Land, werden Passagiere zu Rekrutinnen und Rekruten der Rebellen-Allianz und in Lichtgeschwindigkeit ins All katapultiert – mitten hinein ins Abenteuer. Den ersten Adrenalin-Kick bekommt man bereits beim Abschuss der Rakete. Begleitet von altbekannter Star Wars™-Musik rast diese Achterbahn danach durch die Dunkelheit, die nur hin und wieder von Lichtblitzen erhellt wird. Hier heißt es gut anschnallen und festhalten auf dem Weg durch fremde Galaxien.

In der nunmehr dritten Version von *Space Mountain* seit Bestehen des Parks wurde, neben technischen Verbesserungen, eine Umgestaltung der Attraktion im Sinne der Star Wars™-Saga vorgenommen.

Im Zuge dieser Entwicklung ist die Attraktion nun bereits ab einer Körpergröße von 1,20 m zugänglich – in den früheren Versionen war eine höhere Mindestgröße erforderlich.

Tipp: An dieser Attraktion ist aufgrund seiner großen Beliebtheit durchgehend mit langen Wartezeiten zu rechnen.
Gegen Aufpreis ist das Premier Acces Pass-System verfügbar, um langes Anstehen zu umgehen.

Fun Fact: Die Beschleunigung auf 46 Mph in zwei Sekunden wird durch Technik bewerkstelligt, die sonst Düsenjägern den Start von einem Flugzeuträger ermöglicht.

Thematisierung Früher und Heute:

In der Ursprungsversion von Space Mountain (der im Jahr 1995 eröffnet wurde) ging die Reise Von der Erde bis zum Mond – de la terre à la lune. Am Ende der mehr als rasanten Fahrt wartete ein grinsender Mond auf die durchgeschüttelten Weltraum-Reisenden. Die Reise zum Mond hatte jedoch im Januar 2005 ein Ende, als die dem französischen Kultautor Jules Vernes gewidmete Thematisierung entfernt wurde. Mit Space Mountain: Mission 2 konnte man sich ab April des gleichen Jahres auf eine Fortsetzung der ursprünglich nur bis zum Mond geplanten Reise begeben. Space Mountain: Mission 2 führte durch verschiedene Planeten- und Sonnensysteme und kam deutlich effektvoller daher als sein Vorgänger. Anfang 2017 wurde Space Mountain: Mission 2 jedoch geschlossen und erhielt im Zuge der 25-Jahr-Feier von Disneyland® Paris ein Make-Over: Seit 2017 erfreut Star Wars™ Hyperspace Mountain: Rebell Mission die Herzen der Fans von Star Wars™ und Achterbahnen.

 Tipp: Zwischen *Videopolis* und *Star Wars™ Hyperspace Mountain: Re-bell Mission* kann man Wall-E dabei zuschauen, wie er Eve verliebte Blicke zuwirft. Ein Foto lohnt sich!

Restaurants

Café Hyperion im Videopolis (Schnellrestaurant)

Im Discoveryland gibt es neben Imbiss-Buden lediglich ein einziges Restaurant. Im *Café Hyperion* können sich Gäste dafür ein großes Angebot an Burgern (auch vegetarische Burger) sowie Chicken Nuggets und Salate schmecken lassen, während auf der Bühne des *Videopolis* zeitweise Shows präsentiert werden. Spielzeiten können dem Programm entnommen werden.

Das Café Hyperion befindet sich in dem einem Hangar für Luftschiffe nachempfundenen Gebäude. Besonders beeindruckend ist hierbei nicht zuletzt das Luftschiff, das aus dem Hangar herausschaut und förmlich herauszufliegen scheint.

Fun Fact: Die Gestaltung des Luftschiffs erinnert an das Luftschiff aus dem Film *Insel am Ende der Welt*, einem Science-Fiction-Film von 1974.

Ehemalige Restaurants in Discoverland

Pizza Planet

Das Restaurant Pizza Planet war eine Kombination aus Indoor-Spielplatz und -Restaurant, das insbesondere bei kleinen und große Toy Story-Fans beliebt war. Neben der namensgebenden Pizza gab es familientaugliche Pasta-Gerichte und Salat. Vorbild für die Spielgeräte (u.a. Rutschen und Kletterhäuser) waren Figuren aus Toy Story Teil 1 wie Rex, der Dino, der als Rutsche zum Einsatz kam.

Café des Visionnaires

Linkerhand des Eingangs zu Discoveryland, wo sich heute das Jahreskartenbüro befindet, konnte man im Café des Visionnaires früher leckere internationale Speisen genießen – entweder im Innenbereich, dessen Einrichtungsstil im Steampunk-Design mit viel Bronze und Kupfer aufwartete und mit Illustrationen aus Jules Vernes Fantasiewelten dekoriert war, oder wahlweise auf der Terrasse mit Ausblick auf Fantasyland und die Kaskaden sowie einem Logenplatz auf die vorbeiziehende Parade. Das Café wurde schon 1993 aufgrund des geringen Zuspruchs geschlossen und in die Arcade des Visionnaires umgebaut. Dort konnten gegen Gebühr Videospiele gespielt werden. Seit 2002 befindet sich in einem Teil des Gebäudes das Jahreskartenbüro. Reste der ursprünglichen Gestaltung finden sich übrigens noch im linken Schaufenster des Shop Constellations – dem einzigen Schaufenster, das kein Merchandise zeigt und dort nicht so recht hinpassen will.

Souvenirs / Shopping

- *Constellations* im Discoveryland – eine große Auswahl an Souvenirs (auch Toy Story und Marvel)

- *Star Traders* im Discoveryland – Star Wars™-Fans werden den Shop lieben, denn er führt alles, was das Fan-Herz begehrt.

Discovery Land früher und heute:

Ursprünglich war der Themenbereich den Visionen von Jules Verne (1828-1905), dem großen französischen Schriftsteller und Visionär, gewidmet. In einem 360-Grad-Kino wurde Besuchern aus der Zukunft ein Besuch der Pariser Weltausstellung ermöglicht, in der Jules Vernes damals seine visionären Ideen vorstellte. Außerdem konnte man in der damaligen Version des Space Mountain in Anlehnung an das Werk Vernes innerhalb weniger Minuten Von der Erde zum Mond fliegen.

Selbstverständlich ist Wandel nie aufzuhalten und bringt oft Positives mit sich. Viele alteingesessene Fans vermissen jedoch den ursprünglichen Charakter des Themenlandes, das durch den Einzug der Disney•Pixar- und Star Wars™-Welten grundlegend verändert wurde.

Immerhin wurde die ursprüngliche Optik an einigen Stellen beibehalten und lediglich thematisch umgewidmet. So finden sich die Visionen von Jules Vernes immerhin noch in der Nachbildung der Nautilus wieder. Auch die meisten Fassaden, bspw. die des Café Hyperion sowie eines der hinteren Schaufenster des Souvenirladens Constellations wurden im Originalzustand belassen.

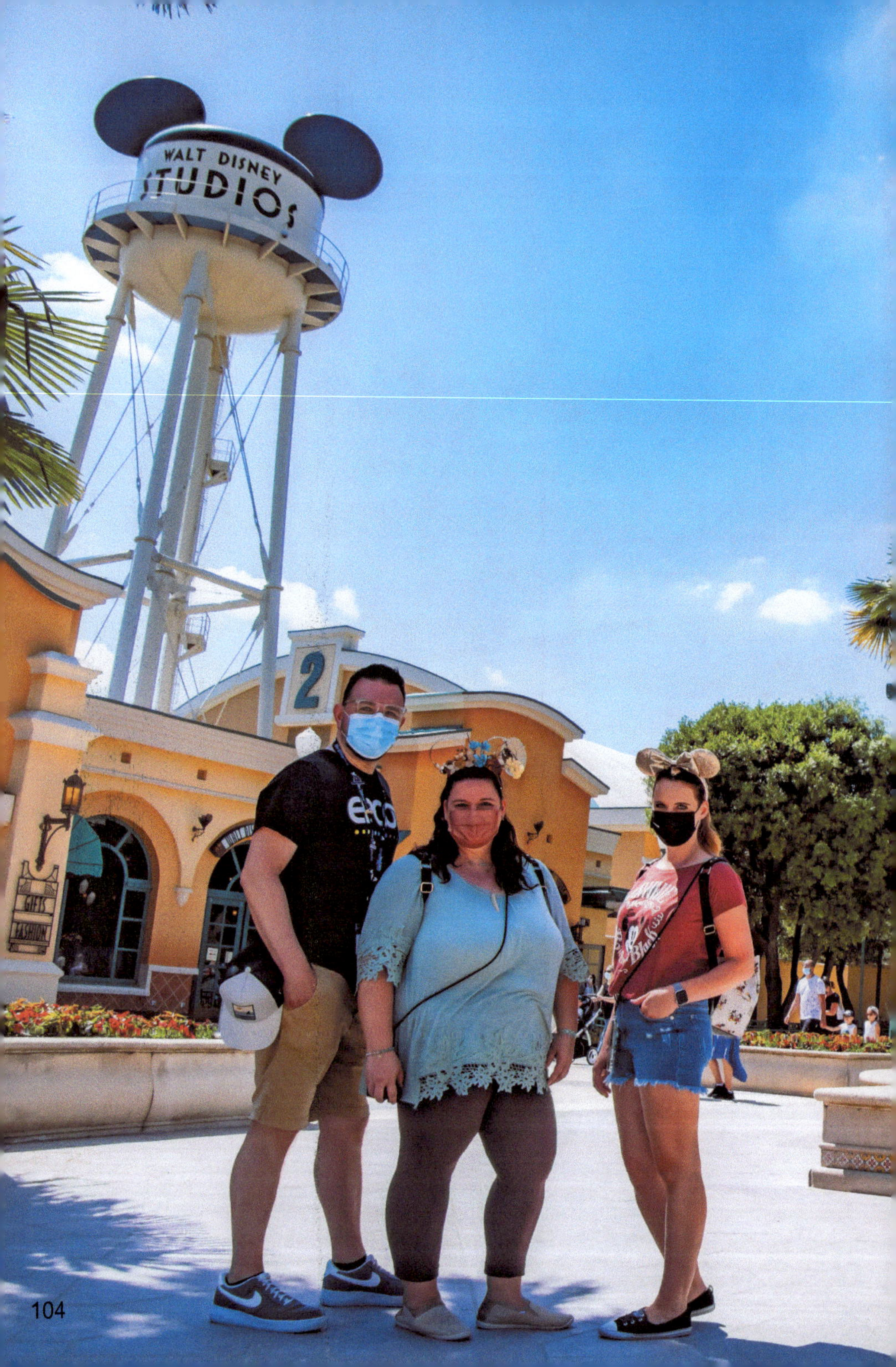

WALT DISNEY
STUDIOS
2

Walt Disney Studios® Park

Den Namen *Walt Disney Studios® Park* trägt der jüngere der beiden
Parks nicht umsonst: Hier dreht sich alles um die Welt von Film und Fern-
sehen, der Grundlage des Erfolgs des Namensgebers Walt Disney. Von
weitem kündigt sich der Park bereits durch das *Chateau d'Oreilles* an,
einem Wasserturm (siehe Foto links), dem in Disneyland® Paris natürlich Mauseohren (*Oreilles*) aufgesetzt wurden. Im Englischen heißt der
Wasserturm übrigens *Earffel-Tower* als kleines Wortspiel in Anlehnung
an den Pariser Eiffelturm.

Große und kleine Gäste werden beim Betreten der *Studios* von einem
Filmstudio empfangen und tauchen so direkt beim Betreten in eine Film-
welt ein. Damit sind sie direkt *en coulisse* - hinter den Kulissen.
Die Studios geben sich alle Mühe, um das Ambiente von Filmstudios
nachzuahmen. So wurde oft ganz bewusst auf Verkleidung und hübsches
Dekor verzichtet, um Filmkabel und Holzpaneele sichtbar zu machen.
Eine Traumwelt, die hin und wieder auf Fassade und Maskerade verzich-
tet, um zu offenbaren, was sie ist: eine Kulisse.

Bereits der imposante Eingangsbereich *Front Lot* ist als Tribut an die Film-
welt der klassischen Optik eines Filmstudios nachempfunden; die Studio-
bereiche *Production Courtyard* und *Toon Studio* (mit integriertem Bereich
Worlds of Pixar) lassen darüber hinaus keine Fanwünsche offen: Von
Filmen inspirierte Attraktionen reihen sich aneinander und garantieren
Spaß für jede Altersstufe. Disney•Pixar lässt an fast jeder Ecke grüßen,
räumt das Feld jedoch auch für actiongeladene Realfilme. So nimmt das
Marvel-Imperium zunehmend Raum in dem Walt Disney Studios® Park
ein und wird das frühere Themenland *Backlot* komplett übernehmen.

Gruppenfoto vor dem Earffell Tower,
DEM Wahrzeichen des Walt Disney Studios® Park

Auf dessen Areal entsteht der *Avenger Campus*, ein eigener Themenbereich für Heldinnen und Helden des Marvel-Kosmos mit Attraktionen und thematisierten Restaurants. Es kann Großes erwartet werden!

Doch auch schon heute trifft man nirgendwo in Disneyland® Paris so viele Superheldinnen und -helden und Publikumslieblinge wie hier: Neben Marvel-Figuren haben auch Disney•Pixar-Figuren in den Studios ihren großen Auftritt. Mit etwas Glück lernen Sie Ihre Lieblinge an einem der Selfie Spots persönlich kennen!

Tipp: Beachten Sie die Öffnungszeiten: Die Öffnungszeiten des Walt Disney Studios® Park sind häufig kürzer als im Disneyland® Park.

Genaueres können Sie dem Programm, der Website und der Disneyland® Paris-App entnehmen.

Front Lot

Der Eingangsbereich des Walt Disney Studios® Park ist im Stil spanischer Missionskirchen gehalten. Links befindet sich der wirklich gut sortierte Shop *Walt Disney Studios Store*, während rechter Hand die *Studio Services* untergebracht sind. Dort befinden sich die *Erste-Hilfe-Station*, der *Reservierungsservice* und vieles mehr, damit der Besuch rundum perfekt wird.

Attraktion

In *Disney® Studio 1* lebt das goldene Zeitalter Hollywoods wieder auf. Beim Schlendern entlang des Hollywood Boulevards können Gäste in eine Zeit eintauchen, in der Stars die Leinwand eroberten, deren Name und Werke bis heute Glamour und Leidenschaft verheißen und die zu Legenden wurden. Reklameschilder in Neon-Farben erinnern an legendäre Hollywood-Institutionen wie das *Brown Derby* - doch Achtung, all das ist nur eine Kulisse.

In *Disney® Studio 1* befinden Gäste sich mitten auf einem Filmset – lediglich die Filmcrew fehlt. Ob sie vielleicht nur kurz eine Kleinigkeit essen gegangen ist? Hierzu würde sich das Restaurant *En Coulisse* rechterhand anbieten.

Gegenüber bietet der flächendeckend installierte Shop *Les Légendes de Hollywood* umfangreiche Möglichkeiten, das Reisebudget drastisch zu reduzieren. Außerhalb des Shops wird zudem temporär (Kinder-)schminken sowie Porträtfotografie angeboten. Hin und wieder spielt eine Band, um für gute Stimmung zu sorgen.

Blick auf Studio 1

Über den Toren zum Ausgang erwecken projizierte, bewegte Scheinwerfer die berühmten Hollywood Hills zum Leben und erinnern in der Farbgestaltung fast ein wenig an den Film *La La Land*.

Beim Verlassen der *Disney® Studios 1* fällt der Blick direkt auf die Statue von Walt Disney und Micky Maus. Der Schöpfer der Maus hält seinen Liebling Micky an der Hand und empfängt Gäste mit offenen Armen. Dieser Vorplatz bildet den Ausgangspunkt für alle anderen Themenländer im Walt Disney Studios Park: Linker Hand, im Themenbereich *Production Courtyard*, reihen sich weitere Filmstudios aneinander. Diese Gebäude erinnern an die Kreativstudios in Burbank, Kalifornien, die Walt Disney dort errichten ließ. Rechts verschafft sich der überdimensional große, blaue Zauberhut Aufmerksamkeit; eine Statue von Micky Maus als Zauberer markiert den Übergang zum Themenbereich *Toon Studios*.

Restaurants

Restaurant en Coulisse (Schnellrestaurant)

Das *Restaurant en Coulisse* erstreckt sich über die komplette Länge des Studio 1, versteckt sich aber geschickt hinter Kulissen. Viele der Neon-Reklamen erinnern an Filme der goldenen Zwanziger bis hin zu den Swinging Sixties. In den Kulissen (so quasi *en coulisse*) werden Burger und Salate angeboten.

HepCat Corner (Imbiss)

Im *Hepcat Corner*-Café, das in das Restaurant *En Culisse* integriert wurde, werden diverse Snacks für den kleinen Hunger angeboten.

Ein beliebtes Fotomotiv in Walt Disney Studios® Park – die verzauberten Besen aus dem Film Phantasia

Souvenirs / Shopping

- *Walt Disney Studios Store* – Kleidung und Geschirr, (fast) alles, was das Herz begehrt

- *Les Legendes de Hollywood* – über die komplette Länge des Studio 1 gibt es eine große Auswahl an Souvenirs für Marvel- und Star Wars-Fans – aber nicht nur. Am Eingang zum Shop befindet sich außerdem der Pandora®-Store *Hollywood Jewel Box* als Shop in Shop mit parkexklusiven Pandora®-Charms.

1
WALT DISNEY
STUDIOS

Production Courtyard

Das Themenland *Production Courtyard* ist sicher einer der vielfältigsten Bereiche des Walt Disney Studios® Park: Neben familientauglichen Shows auch für die Kleinsten beherbergt der Production Courtyard mit dem Freefall-Tower *The Twilight Zone Tower of Terror™* eine Attraktion, die nichts für schwache Nerven ist.

Attraktionen

Die Disney Junior Traumfabrik

In der familientauglichen Show *Die Disney Junior Traumfabrik* haben die Disney® Junior-Heldinnen *Fancy Nancy* und *Vampirella* ihren großen Auftritt: Sie zaubern ein buntes, lustiges, mitreißendes Programm auf die Bühne und bringen ganz neben die defekte Traummaschine wieder in Gang. Dabei werden sie von den Disney®-All Stars Micky Maus und Minnie Maus sowie dem lustigen Streifenhörnchen Timon aus dem beliebten Disney®-Film *Der König der Löwen* unterstützt. Mitsingen und Tanzen ist ausdrücklich erwünscht.

Die Show ist zweisprachig (englisch und französisch) und wird in Studio D aufgeführt. Genaue Spielzeiten können der App / dem Programm entnommen werden. Es empfiehlt sich, 20 bis 30 Minuten vor der Show einzutreffen, um die Warteschlange rechtzeitig zu erobern.

Tipp: Für Gäste mit einer Mastercard stehen (limitierte) Kontingente kostenloser Zugangskarten für jede Show zur Verfügung, wodurch langes Anstehen umgangen werden kann. Hierfür sind im Theater zwei Reihen reserviert. Diese kostenlosen Tickets bekommt man ab zwei Stunden vor jeder Show in den Studio Services, allerdings ist das Kontingent begrenzt.

Posieren vor Studio 1

Stitch Live!

In einer Live-Konferenz lernen Besucher den für Chaos und Verwüstung bekannten Außerirdischen Stitch mit all seinen (liebenswerten) Facetten kennen. Machen Sie sich auf ein interaktives Abenteuer gefasst, das die ganze Familie in Staunen versetzen und begeistern wird.

Die Show dauert circa 15 Minuten. Die Spieltage und -zeiten (abhängig von der gewünschten Sprache) sind am Theater ausgewiesen und können der App / dem Programm entnommen werden.

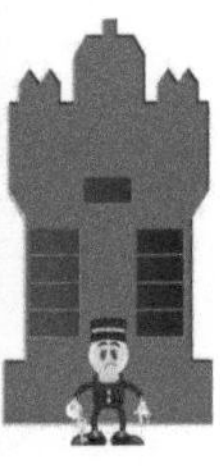

The Twilight Zone Tower of Terror™

Die als *Hollywood Tower Hotel* getarnte Attraktion *The Twilight Zone Tower of Terror™* beherbergt einen Freefall-Tower der Extraklasse: Nehmen Sie sich in Acht, denn neben dem freien Fall geht hier allerlei Übernatürliches vor sich. Um diese schon optisch außergewöhnliche Freefall-Attraktion mit besonderen Geschichten abzurunden, haben sich die Disney®-Imagineers redlich Mühe gegeben. So gelangen Sie nach dem Zufallsprinzip in eine von drei gruseligen und im wahrsten Sinne des Wortes mitreißenden Geschichten:

Im *teuflischen Aufzug* spukt ein Mädchen herum, das unfreiwillig in eine andere Dimension gelangt ist. Vielleicht erwarten Sie auch *Die Kreaturen der Dunkelheit*, die Kontrolle über die Steuerung des Aufzug erlangt haben und nun ins Innere des Aufzugs gelangen wollen. Vielleicht stehen Sie aber auch kurz vor dem Übertritt in *die 5. Dimension*, die von einem Gespenst geöffnet wurde, das Sie nun mit hinein in die Paralleldimension reißen will. Halten Sie sich gut fest, damit Sie schnell wieder festen Boden unter den Füßen bekommen!

Doch egal, in welche der drei Geschichten Sie geraten: Der Aufzug stürzt unvorhersehbar nach unten oder wird nach oben gerissen – ganz so, wie es sich für eine echte Freefall-Attraktion gehört.

Die Momente des Durchatmens sind nur von kurzer Dauer, auch wenn kurze Blicke über den Walt Disney Studios® Park zum Aufatmen verleiten. Viel zu schnell stürzt der Aufzug 13 Stockwerke in die dunkle Tiefe, nachdem er zuvor 60 Meter nach oben gestiegen ist. Im freien Fall entsteht das Gefühl der Schwerelosigkeit. Machen Sie sich auf einiges gefasst.

Mindestgröße für die Attraktion ist 1,02 m. Kinder unter sieben Jahren müssen von einem Erwachsenen begleitet werden. Bitte beachten Sie, dass sich Kinder und empfindliche Menschen fürchten könnten. Die Story selbst ist gruselig, Teile der Attraktion sind nur schwach beleuchtet.

Tipps: Wer sich für den *freien Fall* nicht begeistern kann, sollte sich getreu dem Motto *Der Weg ist das Ziel* trotzdem in die Warteschlange einreihen. Das Innere der Attraktion ist es allemal wert, allerdings nur bei akzeptablen Wartezeiten. Der Ausstieg ist vor dem Einstieg in die Aufzüge noch problemlos möglich.

Souvenirjäger aufgepasst: In der Hotel-Boutique gibt es neben Erinnerungsfotos auch *Hotel*-Andenken und weitere schöne Accessoires, die es teilweise in keinem anderen Store zu finden gibt. Ein gepflegter Rosengarten mit Springbrunnen befindet sich vis-à-vis des Hotel-Shops.

Die ursprüngliche Thematisierung des Towers

...basierte auf der Serie Unglaubliche Geschichten - The Twilight Zone® aus den 1950er und 1960er Jahren. Gerüchten zufolge irrte eine Gruppe verlorengegangener Gäste in dem verlassenen Hotel in einer anderen Dimension umher – datiert wurde ihr Verschwinden auf den 31.10.1939 um 20.05 Uhr, dem Zeitpunkt eines Blitzeinschlags. Seitdem wurde keiner der Gäste mehr gesehen.

Um die Thematisierung möglichst authentisch umzusetzen, studierten die Disney® Imagineers alle 156 Folgen der Serie eingehend. Aus lizenzrechtlichen Gründen wurde dieses ursprüngliche Theming jedoch 2019 geändert. Geblieben sind die rund 4.000 Bücher in den Regalen der Hotelbibliothek sowie Antiquitäten europäischer und amerikanischer Trödelmärkte, die für die Hoteleinrichtung zusammengetragen wurden und ein Gesamtkunstwerk bilden.

Tipp: An dieser Attraktion ist aufgrund seiner großen Beliebtheit durchgehend mit langen Wartezeiten zu rechnen.

Gegen Aufpreis ist das Premier Acces Pass-System verfügbar, um langes Anstehen zu vermeiden.

Hollywood Boulevard

Wenngleich er keine Attraktion im engeren Sinn ist, beherbergt der *Hollywood Boulevard* doch einige sehenswerte Gebäude. Der mit viel Liebe zum Detail gestaltete Nachbau des legendären Boulevards aus Los Angeles versetzt Gäste zurück in das Hollywood der 50er Jahre und erinnert an die frühere Thematisierung dieses Themenlandes, in der Hollywood-Legenden im Fokus standen und mehr Raum eingenommen haben.

Tipps: Über den Hollywood Boulevard gelangt man ohne große Ablenkung und auf oft leeren Wegen ins Toy Story-Playland. Auf dem Weg kommt man außerdem an Toiletten vorbei – immer gut zu wissen.

Imbiss-Möglichkeit

La Terasse (Imbiss)

Im Walt Disney Studios® Park gibt es nur wenige Restaurants, dafür aber ein großes Angebot an Schnellimbissen: Besonders bei schönem Wetter bietet das *La Terasse* im Freien Sitzmöglichkeiten, um die von *Hollywood & Lime* angebotenen (auch vegetarischen oder sogar veganen) Snacks zu verzehren.

Viele der Plätze sind überdacht, denn der nächste Regen kommt bestimmt! An einem der Imbisse gibt es außerdem Pommes (french fries)
– eine Seltenheit im Park, da Pommes sonst nur in Schnellrestaurants
angeboten werden.

Zu *La Terasse* gehört die *Kool Zone, die* hungrige und durstige Actionfans mit kleinen Erfrischungen und Snacks versorgt, sowie saisonal der
Wagen mit *Speciality Ice Cream* wo… genau, Eiscreme, angeboten wird.

Souvenirs / Shopping

Tower Hotel Gifts – alles für Tower Hotel-Fans mit Produkten, die den
nächsten Hotel-Aufenthalt zu einem Erlebnis machen. Hier findet man
oftmals Merchandise, das es exklusiv nur in diesem Shop gibt.

Im Hintergrund lauert der „Tower of Terror"

The HOLLYWOOD TOWER Hotel
LOVE COMES IN EVERY COLOR

~~Backlot~~ – Marvel coming soon!

Die ursprüngliche Thematisierung des Backlot drehte sich um klassische Actionfilme – von Reminiszenzen an Klassikern des Schwarz-Weiß-Films bis hin zu Attraktionen zum damals brandneuen Film *Armaggedon*, der heutzutage ebenfalls bereits als Filmklassiker gilt. Es war daher nur eine Frage der Zeit, bis der in die Jahre gekommene Themenbereich neuen Heldinnen und Helden weichen musste.

Ab 2022 werden die Stars des Marvel-Kosmos das Backlot übernehmen. An dessen Stelle wird ein Avenger Campus entstehen, eine Trainingsort für Superheldinnen und -helden.

Die frühere Achterbahn *Rock ‚n' Roller Coaster starring Aerosmith* wird zukünftig Iron Man gewidmet, außerdem bekommt Spider Man eine eigene Attraktion. Kulinarisches Highlight wird Pym Test Kitchen, die von Ant-Man inspiriert ist. Der Avenger Campus in Paris wird nach dem Campus in Disneyland Kalifornien der zweite seiner Art. Je nachdem, wie die Expansionspläne der Disney Resorts weltweit voranschreiten, sollen alle Resorts einen Avenger Campus erhalten, die miteinander verbunden sein werden.

Frühere Attraktionen

Armaggedon: les Effets Spéciaux

In „Armaggedon: les Effets Spéciaux (Spezialeffekte)" wurde die Entstehung von Spezialeffekten erklärt. Mit Hilfe von Pyrotechnik und wackelnden Bodenplatten bekamen Gäste am eigenen Leib zu spüren, wie es Actionhelden bei den Dreharbeiten ergeht. Vor der Attraktion stand eine Nachbildung des im Film eingesetzten Bohrfahrzeugs Armadillo.

Moteurs … Action! Stunt-Show Spectacular®

Fans schneller Autos und atemberaubender Stunts kamen bei Moteurs … Action! auf ihre Kosten. Während der Show zeigten echte Fahrkünstler ihr Können und ließen den Kerosingehalt der Luft und Drehzahlen der Motoren gleichermaßen in die Höhe schnellen. Wilde Verfolgungsjagden und atemberaubende Kunststücke wechselten sich ab; kühne Sprünge durch Feuer und Fahrten durch Explosionen inklusive. Hin und wieder war sogar Lightning McQueen aus Cars als Gaststar dabei.

Rock ‚n' Roller Coaster starring Aerosmith

Im Takt der Musik von Aerosmith wurden Fahrgäste dieser Achterbahn in atemberaubender Geschwindigkeit von einem Adrenalinkick zum nächsten geschossen. Lichtblitze dienten als einzige Lichtquelle, während dröhnende Musik und wummernde Bässe die Schreie übertönten. Hier half nur anschnallen und losrocken!

Der Rock'n Roller Coaster starring Aerosmith wurde im September 2019 geschlossen. An dessen Stelle zieht Iron Man als erster Held des Marvel-Universums mit einer festen Attraktion in den Walt Disney Studios® Park ein.

SPACE RANGER

Toon Studio mit Worlds of Pixar und Toystory Playland

Für nichts steht Disney® so sehr wie für Trickfilme. Viele der großen Erfolge der letzten zwanzig Jahre stammen jedoch aus dem Hause Disney•Pixar. Da verwundert es nicht, dass die *Worlds of Pixar* einen großen Bereich innerhalb der Toon Studios einnehmen. Mit einer Vielzahl an Attraktionen, mit Selfie Spots, Souvenirläden und thematisch passendem Essensangebot gibt es ein breites Angebot für kleine und große Gäste, für jeden Geschmack und jedes Alter. Hierzu gehören auch die neueste Attraktion *Cars ROAD TRIP* sowie die Attraktion *Ratatouille: L'Aventure Totalement Toquée de Rémy*, durch die Pariser Flair in den Walt Disney Studios® Park Einzug gehalten hat.
Der fliegende Teppich aus *Aladdin* taucht dann eher unerwartet auf.

Jede einzelne der Attraktionen erfreut sich großer Beliebtheit, so dass in diesem Teil des Parks oft am meisten los ist.

Attraktionen

Cars ROAD TRIP

Steigen Sie ein und machen Sie einen Roadtrip der besonderen Art: Entlang der legendären Route 66 begegnen Sie allerlei beliebten Figuren aus der Filmtrilogie *Cars* – allen voran *Lightning McQueen*, DEM Star der Filmreihe *CARS*, sowie *Luigi* und *Guido.* Wirklich witzig ist die Nachbildung des Pariser Eiffel-Towers aus Autoteilen, dem *I-Fuel Tower*, der vom Abschleppwagen *Hook* sowie dem Hippie-Bus *Bully* flankiert wird.

Absolutes Highlight ist die Explosion des Dinoco-Lasters im CARS-TAS-TROPHE CANYON, bei dem Gäste durchaus nass werden können. Natürlich ist die Tour trotz Explosion vollkommen harmlos, denn das Feuer wird auf spektakuläre Art und Weise von Hunderttausenden Litern Wasser gelöscht. So ist die Tour ein Spaß für die ganze Familie.

Diese Attraktion erfordert keine Mindestgröße. Die Tour ist zweisprachig (englisch und französisch).

Tipp: Passend zur Attraktion bietet der Foodtruck *Laugh'n Go* u.a. einen *Croque McQueen* (adaptiert vom französischen Snack-Klassiker Croque Monsieur) sowie einen vegetarischen *Piston Cup an.* Alle dort verkauften Speisen enthalten Streichkäse der französischen Kultmarke *La Vache qui rit*® (deutsch: Die Lachende Kuh) - Radiator Springs-Charm à la française.

Fun Facts: Im Zuge der Parkerweiterung haben die *Cars* die Studiofahrzeuge der *Studio Tram Tour®: Behind the Magic* übernommen und das Filmset nach Radiator Springs verlegt und umgestaltet. Früher wurden Gäste über ein Filmgelände hinweg an *Requisiten* vorbeikutschiert; entlang der Strecke gab es Artefakte und Fahrzeuge aus bekannten Filmen wie *Dinotopia, Pearl Harbour*, der Realverfilmung von *101 Dalmatiner u.v.a.m.* zu entdecken. Auch führte die Tour durch das zerstörte London aus dem Film *Die Herrschaft des Feuers.* Außerdem konnte man den Schneiderinnen bei der Arbeit zuschauen.

Von all dem ist in der neugestalteten Attraktion einzig die Explosion des Tankwagens im *Catastrophe Canyon* erhalten geblieben, wenn auch unter dem neuen Namen *CARS-TASTROPHE CANYON.*

Ein kleiner Imbiss am Foodtruck geht immer.

Cars Quatre Roues Rallye

Direkt dem Film *Cars* entsprungen, können Fans der Filme ein paar Runden in den Fahrzeugen aus Radiator Springs drehen. Fast-Zusammenstöße der sich im Kreis drehenden Fahrzeuge gehen zum Glück immer glimpflich aus. Diese Attraktion erweckt die Charaktere und Gebäude aus *Cars* zum Leben, so dass selbst das Warten zum Vergnügen wird. Als Kulisse rund um die Attraktion dienen bekannte Gebäude aus Radiator Springs. So finden sich u.a. *Luigis Werkstatt* und *Hooks Abschlepphof* wieder.

Diese Attraktion erfordert keine Mindestgröße.

Crush's Coaster®

Schon von weitem lässt *Findet Nemo* grüßen – in Form von Crush, der Transport-Schildkröte aus dem überaus erfolgreichen Disney•Pixar-Film *Findet Nemo*. Auf dem Rücken von Crush wirbeln Passagiere in der starken australischen Meeresströmung umher – vorwärts und rückwärts und wild im Kreis, unvorhersehbare Richtungswechsel inklusive, bis Crush seine Passagiere sicher ans Ziel gebracht hat.

Tipps: Aufgrund des hohen Tempos und der wilden Richtungswechsel ist der *Ritt auf dem Schildkrötenpanzer* nicht jedermanns Sache. Einen guten Eindruck, wie sehr sich der Schildkrötenpanzer in der Meeresströmung dreht, vermittelt eine sich drehende Figur vor dem Eingang der Attraktion.

Die erforderliche Mindestgröße beträgt 1,07 m. Kinder unter 7 Jahren dürfen nur in Begleitung Erwachsener fahren. Die Sitze sind etwas beengt, so dass die Mitfahrt bei größerem Körperumfang ggflls. nicht möglich ist.

An dieser Attraktion ist bei hohem Besucherandrang das Standby Pass-System aktiviert. Zugang zur Attraktion ist nur mit gültigen Zugangscodes möglich. Näheres siehe *Standby Pass*.

Nutzen Sie nach Möglichkeit den Single Rider-Eingang, über den man als Einzelperson geringere Wartezelten hat. Allerdings hat man dann keinen Anspruch darauf, als Gruppe/Familie zusammenzusitzen, auch wenn man sich gemeinsam angestellt hat.

Ratatouille: L'Aventure Totalement Toquée de Rémy

Auf Rattengröße geschrumpft, kann man in *Ratatouille: L'Aventure To-talement Toquée de Rémy* die Abenteuer der Gourmet-Ratte Rémy aus dem Film *Ratatouille* miterleben. In Wagen in Form niedlicher Ratten fährt man durch die Küche, in der Rémy von der Kanalratte mit Geschmack zum Koch aufsteigt – alles getreu Gusteau's Motto, dass jeder kochen kann.

Während zügiger, aber familientauglicher Richtungswechsel erlebt man das 4D-Abenteuer mit allen Sinnen aus einer ganz besonderen Perspektive und kommt aus dem Staunen nicht heraus – und entdeckt bei jeder Fahrt wieder etwas Neues. Nicht ohne Grund bilden sich hier ganztags lange Warteschlangen, denn mit dieser Attraktion ist den Machern des Parks etwas Großartiges gelungen.

3-D-Brillen werden vor Ort ausgehändigt. Diese Attraktion ist zweisprachig (englisch und französisch).

Die Attraktion erfordert keine Mindestgröße.

An dieser Attraktion ist aufgrund seiner großen Beliebtheit durchgehend mit langen Wartezeiten zu rechnen.

Gegen Aufpreis ist das Premier Acces Pass-System verfügbar, um langes Anstehen zu umgehen.

Als Single-Rider kann man die Wartezeit deutlich verkürzen, hat dann aber keine Möglichkeit, zusammen in einem Wagen zu sitzen, auch wenn man als Gruppe ansteht. Für Kinder gibt es ein Mindestalter für das Al-lein-Fahren.

 Tipp: Einen Besuch im Shop *Chez Marianne* und in dem der Attraktion angeschlossenen Restaurant *Bistro chez Rémy* sollte man sich zum Abschluss nicht entgehen lassen. Der *Place de Rémy* lädt zum Genießen des Pariser Flairs ein, das in diesem Quartier wirklich bemerkenswert authentisch eingefangen wurde und dem nur wenige Kilometer entfernt gelegenen Original gerecht wird.

Fun Facts:

Auch mehrmaliges Fahren lässt diese Attraktion nicht langweilig werden – in kaum einer anderen Attraktion der beiden Parks passiert so viel wie hier, zumal die Wagen hin und wieder sogar einen kleinen Umweg im Kühlraum fahren. Beeindruckend ist dort auch der riesige Fisch, der stolze 7,50 Meter misst oder die glimmenden Augen, die aus den Kisten heraus verfolgen, was um sie herum passiert.

In der Attraktion *Ratatouille – L'Aventure Totalement Toquée de Rémy* dreht sich alles um Gusteau, den großen französischen Sternekoch, in dessen Küche die Ratte Rémy das einzigartig leckere Ratatouille kocht. Gusteau ist natürlich ein Pseudonym für Paul Bocuse, dem vermutlich berühmtesten Sternekoch Frankreichs, der die moderne französische Küche (Nouvelle Cuisine) nachhaltig geprägt und in der ganzen Welt berühmt gemacht hat. Bocuse ist 2018 in hohem Alter verstorben.

Toy Story Playland

Der erfolgreichen Filmreihe *Toy Story* ist mit dem *Toy Story Playland* ein eigener Themenbereich gewidmet. Schon von Weitem grüßt Buzz Lightyear (im Französischen übrigens Buzz L'Éclair) und markiert den Eingang zum Toy Story-Playland, das sehr an Andys Zimmer aus den Toy Story-Filmen erinnert. Seit 2010 ist dieser Bereich im Walt Disney Studios® Park vertreten und liefert mit insgesamt drei Attraktionen gute Gründe für einen Abstecher – Spaß ist garantiert. Neben den Attraktionen sind auch viele von Andys Lieblingsspielzeugen im Toy Story Playland verstreut zu finden – so auch ein riesiger Rex, der ein tolles Fotomotiv darstellt.

Toy Soldier Parachute Drop

In der kindgerechten Freefall-Variante können junge und ältere Rekrutinnen und Rekruten das Fallschirmspringen erlernen und so Andys kleinen, grünen Spielzeug-Soldaten aus Teil 1 der Toy Story-Filme auf ihren Missionen zur Erkundung von Neuankömmlingen nacheifern. Geschützt durch insgesamt sechs Fallschirme wird der kühne Abwurf aus 25 Meter Höhe zum Kinderspiel(zeug). In jedem der Fallschirme können sechs Personen Platz nehmen.

DON'T
GROW UP
IT'S A
TRAP
R
E

Mindestgröße für diese Attraktion ist 81 cm. Die Attraktion hat einen Single Rider-Service.

Tipp: Vom höchsten Punkt aus hat man einen guten Blick auf die Bauarbeiten für das Frozen-Land, das 2024/25 fertiggestellt werden soll.

Slinky Dog Zigzag Spin

Auf dem Rücken von Slinky, dem Spiral-Dackel, geht es wild auf und ab und rund herum um einen riesigen Futternapf mit Gummiknochen und einem Baseball. Während Slinky erfolglos versucht, seinen Schwanz zu fangen, kommen Fans von Berg- und Talbahnen bei dieser wilden Fahrt auf ihre Kosten.

Die Attraktion erfordert keine Mindestgröße.

RC Racer

Nachdem den *Toy Story*-Helden Woody und Buzz Lightyear dank des Rennautos *RC Racer* eine wilde Verfolgungsjagd gelang, steht dieser nun wieder voll aufgeladen in Andys Spielzimmer.

Der Looping wurde in der Attraktion *RC Racer* zwar nicht ausgepackt, jedoch hat es die 25 Meter hohe Halfpipe trotzdem in sich. Sie wird zu einer wilden Rennbahn, wenn Andy Gas gibt und sein Lieblings-Rennauto in hohem Tempo vor- und zurückrasen lässt. Einsteigen und Festhalten!
In jedem Rennwagen finden bis zu 20 Personen Platz.

Mindestgröße für diese Attraktion ist 1,20 m.

Les Tapis Volants – Flying Carpets over Agrabah®

Auf fliegenden Teppichen, deren Flughöhe und Neigungswinkel individuell steuerbar ist, können Fluggäste ein paar Runden über das sagenumwobene Agrabah drehen. Dabei geraten sie mitten hinein in ein Filmset, auf dem der Flaschengeist Dschinni als Regisseur fungiert.

Wenngleich von der im Film Aladdin transportierten Romantik jede Spur fehlt (was bei der Konzeption auch nicht der Anspruch war, denn schließlich befindet man sich auf einem Filmset) lohnt sich ein Flug in jedem Fall. Wo sonst hat man die Gelegenheit, einen fliegenden Teppich zu besteigen?

Diese Attraktion erfordert keine Mindestgröße. Allerdings sind die Sitzreihen etwas beengt, aber zwei Erwachsene und zwei Kinder passen auf einen Teppich.

Scream Monitors

Im Film Monster AG wird Energie aus den Schreien von Kindern gewonnen – hier kann sich die ganze Familie ausschreien. Die beim Schreien freigesetzte Energie wird angezeigt. Wer schreit am lautesten?
Neben den Screen Monitors steht die Tür des kleinen Mädchens aus Monster AG. Hin und wieder wird sie als Selfie Spot für die Monster Mike und Sully genutzt.

Animation Celebration

In Walt Disney Studios® Park herrscht Eiszeit, wenn die Heldinnen und Helden aus den Filmhits *Die Eiskönigin – Völlig unverfroren* und *Die Eiskönigin II* den überdimensionalen Zauberhut aus dem Disneyklassiker *Phantasia* betreten und für unvergessliche Selfies posieren.

Anna und Elsa sowie der überaus beliebte Schneemann Olaf sind dort regelmäßig anzutreffen, bevor sie 2024/25 in ihr eigenes Themenland umziehen werden. Zeiten können dem Programm entnommen werden.

In der kleinen, aber feinen **Disney Animation Gallery** gibt es passende Souvenirs.

Hinter der im gleichen Gebäude untergebrachten **Drawing Academy** verbirgt sich eine Zeichenschule, in der Micky, Minnie & Co. unter Anleitung gezeichnet werden können.

Restaurants

Bistrot chez Rémy (À-la-carte-Restaurant)

Das *Bistro Chez Remy* ist Bestandteil bzw. Endpunkt der Attraktion *Ratatouille – L'Aventure Totalement Toquée de Rémy*. Beim Betreten des Restaurants überschreitet man eine magische Schwelle und schrumpft auf Rattengröße.

Auf Rattengröße geschrumpft, lässt es sich im *Restaurant der Ratten* unter einem raumfüllenden Blätterdach in wirklich einzigartigem Ambiente speisen – je nach Tisch sogar mit Blick auf die ankommenden Gäste. Platz genommen wird auch auf Champagnerkorken, Teller dienen als Raumteiler, Marmeladengläser als Tische.

Serviert werden traditionelle französische Spezialitäten auf hohem Niveau, die wirklich ganz hervorragend zubereitet sind. Neben Steak und Fisch gibt es auch ein vegetarisches Gericht.

Menüs kosten ab 34 Euro für Erwachsene und ab 20 Euro für Kinder. Bei großem Hunger macht es definitiv Sinn, die Gerichte im Menü zu bestellen, da sie so günstiger sind als die einzelnen Menü-Komponenten. Selbstverständlich wird auch Ratatouille angeboten, jedoch nicht in der aus dem Film bekannten Zubereitungsform in Scheiben, sondern gewürfelt. Besonders lecker sind auch die Desserts.

Einziger Wermutstropfen sind die kurzen Öffnungszeiten: Die letzte Reservierung wird oftmals für den späten Nachmittag entgegengenommen.

Souvenirs / Shopping

- *Chez Marianne* – Souvenirs zum Film *Ratatouille*, insbesondere tolle Küchenaccessoires sowie Paris-Souvenirs

- *Toy Story Playland Boutique* – klein, aber fein, und fast ein Geheimtipp, denn die *Toy Story Playland Boutique* hatte früher selten geöffnet. Mittlerweile können sich Fans von dort regelmäßig mit *Toy Story*-Merchandise eindecken. Außerdem ist der Shop auch ein guter Anlaufpunkt für Getränke.

USE
Minnie

Disney Village®

Wenngleich das Disney Village® kein eigener Themenpark ist, so ist es doch ein besonderer Ort: Das *Disney Village®* ist als Verbindung zwischen den beiden Parks und den Disney®-Hotels gedacht und entfaltet insbesondere in den Abendstunden seine Wirkung, wenn die Massen der aus dem Park strömenden Hotelgäste darin aufgenommen werden.

Nach Lust, Laune, Energie und Budget der Gäste stehen zahlreiche Shops, Restaurants für den kleinen und großen Hunger sowie familientaugliche Vergnügungsmöglichkeiten zur Verfügung.

Der Eingang zum Disney Village befindet sich im Areal zwischen dem Zugangsbereich zu den beiden Parks, dem Bahnhof sowie Disney's Hotel New York the Art of Marvel. Hotelgäste erreichen den Bereich vom Lake Disney aus kommend.

Entertainment

Im Disney Village® wird Entertainment großgeschrieben. Ganzjährig werden die verschiedensten nationalen und internationalen Feiertage und Events gefeiert und laden zum Erleben und Verweilen ein.

Neben *kostenpflichtigen* Unterhaltungsangeboten gibt es im Disney Village® auch *kostenloses* Entertainment. Zahlreiche saisonale Musik- und Straßenfestivals wie die *Fiesta Latina (Juni)* und das *Rock'n Roll-Festival (September)* bieten das ganze Jahr hindurch ein abwechslungsreiches Angebot mit Festivitäten und Feiertagen, die sicher nicht jeder kennt. Programme sind im Disney Village® erhältlich.

Billy Bob's Country Western Saloon

Live-Musik macht *Billy Bob's Country Western Saloon* zu einem außergewöhnlichen Erlebnis. Teilweise ist das Angebot kostenpflichtig. Wie in jedem Saloon werden kleine Snacks angeboten.

Jungle Quads

In kleinen elektrischen Quads können Kinder ein paar Runden drehen. Die Jungle Quads befinden sich links neben dem Schnellrestaurant McDonalds und sind für Kinder ab 3 Jahren geeignet. Kinder unter 7 Jahren müssen von Eltern begleitet werden.
Die Fahrt mit den Quads ist kostenpflichtig. 5 Minuten kosten 6 Euro, 10 Minuten 10 Euro (Angaben ohne Gewähr).

Kino Gaumont

Im 3D-Kino werden aktuelle Kinofilme (in Französisch) gezeigt. Neben Touristen lockt das Kino auch Gäste aus der Umgebung an.

PanoraMagique

Der Heißluftballon *PanoraMagique* bietet den besten Blick über das komplette Resort und von oben einen tollen Blick auf die magische Disneywelt. Ein Flug lohnt sich auf jeden Fall, der Ballon kann jedoch nur starten, wenn es die Wetterverhältnisse zulassen. Die Sicherung der *Montgolfière* erfolgt durch Seile, so dass man einen gesicherten Aufstieg in die Höhe erlebt. Maximale Steighöhe ist 100 Meter.

Kosten: Erwachsene 15 Euro / Kinder 8 Euro (3-11 Jahre)

Video Games Arcade

Die *Video Games Arcade* bietet allerlei Möglichkeiten zum Spielen, jedoch gegen Aufpreis. Praktischerweise ist die Video Games Arcade in die Sportsbar integriert, so dass Kinder ausreichend Beschäftigung finden, während ihre Eltern nationale und vor allem internationale Sportereignisse wie Welt- und Europameisterschaften, Olympiaden, Fußballspiele etc. auf einer Großleinwand verfolgen und länderübergreifend gemeinsam bejubeln können.

Restaurants

À-la-carte- und Schnell-Restaurants lassen auch im Disney Village® keine kulinarischen Wünsche offen und bieten Essen für jedes Budget.

Café Mickey (À-la-carte-Restaurant)

Im liebevoll eingerichteten À-la-carte-Restaurant *Café Mickey*, das mit Maus-Köpfen in vielen Varianten aufwartet und trotzdem nicht überladen wirkt, werden italienische Speisen angeboten. Ein besonderes Highlight ist die Anwesenheit von Disney®-Charakteren während des Charakter-Dinners und -Lunchs, sofern es Hygienestandards zulassen. Eine Reservierung wird empfohlen.

Tipp: Von den Tischen am Fenster aus hat man einen schönen Blick auf den *Lake Disney*.

Rainforest Café (À-la-carte-Restaurant)

Internationale Küche in exotischem Ambiente bietet das *Rainforest Café*, in dem Essen beinahe Nebensache wird. Beeindruckende Röhren- und Deckenaquarien, in denen unzählige echte Fische herumschwimmen, raumfüllende Pflanzenarrangements und künstlichen Tiere, aber vor allem tropische Gewitter erzeugen eine fast perfekte Regenwald-Atmosphäre.

Auf der Speisekarte stehen Salate, Burger, Nudeln und verschiedenste Fleischgerichte. Mit einer Jahreskarte erhält man 10 % Rabatt.

Passende Souvenirs zum Restaurant gibt es im Shop, der sich im Ausgangsbereich findet.

Tipp: Vom Shop aus kann man übrigens einen tollen Blick ins Restaurant und auf Teile der Aquarien werfen, ohne das Restaurant betreten zu müssen.

Planet Hollywood (À-la-carte-Restaurant)

Die beliebte Restaurant-Kette *Planet Hollywood* dominiert mit einer überdimensionalen, grün-blauen Weltkugel den Eingangsbereich des Disney Village®. Serviert werden amerikanische Klassiker wie Burger und Steaks. Die Inneneinrichtung ist von einem wilden Mix aus Disney®- und Filmsouvenirs geprägt, so dass man aus dem Staunen gar nicht herauskommt. Ein Souvenir-Shop rundet das Hollywood-Filmerlebnis ab.

Fun Fact: In den 90er Jahren gegründet, waren lange Jahre eine ganze Reihe amerikanischer Filmstars wie Arnold Schwarzenegger, Sylvester Stallone und Whoopie Goldberg an der Restaurant-Kette beteiligt. So kam es vor, dass sich regelmäßig einer der Teilhabenden blicken ließ und dem Restaurant einen Besuch abstattete – selbstverständlich mit großem Medienrummel.

King Ludwig Castle (À-la-carte-Restaurant)

Wer auch in Frankreich nicht auf bayrische Spezialitäten und Blasmusik verzichten möchte, ist hier richtig. Neben deutschem Bier und zahlreichen bajuwarischen Spezialitäten werden im King Ludwig Castle auch europäische Spezialitäten angeboten. Äußerlich erinnert das Restaurant an ein Schloss, im Inneren ist es mit seiner dunklen Wandvertäfelung,

Kronleuchtern und Wandgemälden im Stil eines gehobenen deutschen Brauhauses eingerichtet.

Kinder werden bei der Speisenauswahl genauso fündig wie Erwachsene, Vegetarierinnen und Vegetarier genauso wie Fleischesser.

Als besonderes Highlight bietet das King Ludwig Castle eine Happy Hour für Getränke an.

McDonald's (Schnellrestaurant)

Genauso amerikanisch wie das Restaurant *Planet Hollywood* ist auch die Speisekarte von *McDonald's,* jedoch ist das Essen dort um einiges günstiger. Da man nirgends im ganzen Resort so günstig isst wie bei *McDonald's*, ist hier ganztägig mit großem Andrang zu rechnen.

Earl of Sandwich (Schnellrestaurant)

Die Kette *Earl of Sandwich* bietet, wie der Name schon sagt, Sandwiches an, aber nicht nur. Das Angebot wird von Salaten und Wraps sowie leckeren Desserts abgerundet.

Im Tagesgeschäft kosten die Sandwichs 7,50 Euro (normale Größe); die große Version kostet 11,50 Euro. Im Menü kostet das Sandwich (normale Größe) 11,95 Euro. Wraps kosten 7,95 Euro (12,50 Euro im Menü). Salate kosten 7,95 Euro (12,50 Euro im Menü). Menüs beinhalten ein Getränk und einen kleinen Snack.

Empfehlenswert ist auch das Frühstücksangebot (von 8 Uhr bis 11.30 Uhr. Preis- und Zeitangaben ohne Gewähr.

Tipp: Vom oberen Stockwerk aus hat man einen tollen Blick auf den *Lake Disney*.

La Grange in Billy Bob's Country Western Saloon (Buffet-Restaurant)

Im *La Grange* in Billy Bob's Country Western-Saloon wird leckeres Tex-Mex-Essen in Buffet-Form angeboten. Garniert wird das Ganze mit Live-Musik aus dem Saloon im Erdgeschoss, was den Restaurant-Besuch insbesondere in den Abendstunden zu einem außergewöhnlichen Erlebnis macht.

Annette's Diner (À-la-carte-Restaurant)

In *Annette's Diner* wird amerikanische Küche im stilechten 50er Jahre-Ambiente serviert – nicht selten von auf Rollschuhen vorbeiflitzenden Kellnerinnen und Kellnern. Zum Essensangebot gehören neben Burgern, Hotdogs, Salaten und Milkshakes auch der in Amerika erfundene Banana Split und leckere Coke Floats (Cola mit Eis). Menüs beginnen bei 21 Euro für Erwachsene (19 Euro für Kinder).

Empfehlenswert ist auch das Frühstücksangebot, das mit amerikanischen Klassikern wie Speck, Rührei und Bohnen zu einem akzeptablen Preis (15 Euro) aufwartet.

Wenngleich Reservierungen nicht möglich sind, findet sich immer ein Tisch – natürlich mit Wartezeiten, typisch amerikanisch eben.

Fun Fact: Zur Deko des zweistöckigen Restaurants gehören original Wurlitzer Jukeboxen, die dem in Pastellfarben gehaltenen Interieur den letzten Schliff geben.

New York Style Sandwiches (Schnellrestaurant)

Eingerichtet wie ein New Yorker Deli der 50er Jahre, kann man in *New York Style Sandwiches* leckere Sandwiches (wie es der Name schon vermuten lässt) und andere Gerichte (Nudeln, Pizza) genießen.

Sports Bar (Schnellrestaurant)

In der *Sports Bar* wird das Essen (Hot Dogs, Pizza und Sandwichs) schnell zur Nebensache, wenn auf der Großbild-Leinwand Sportereignisse übertragen werden. Bei Live-Übertragungen wird das gemeinsame Public-Viewing im angrenzenden Freiluft-Bereich zum Großereignis. Abgerundet wird das Erlebnis von einer lohnenswerten Getränke-Happy Hour am frühen Abend.

The Steakhouse (À-la-carte-Restaurant)

Im ganzen Resort gibt es nur zwei Steakhäuser – eines davon findet sich im Disney Village®. Das *Steakhouse* besticht durch eine auf Hochglanz polierte, edle Innenausstattung im Chicagoer Ambiente der 50er Jahre. Serviert werden neben amerikanischen Food-Klassikern wie Spareribs und Steaks auch Pastagerichte, Fisch und vegetarische Gerichte.

Starbucks

Starbucks bietet auch im Disney Village® das, was Starbucks weltweit bietet: Kaffeespezialitäten und kleine Snacks. Außerdem gibt es ein kleines Frühstücksangebot.

Vapiano und Five Guys (Schnellrestaurants)

Um die Ecke des *Gaumont Kino Komplex* finden hungrige Gäste Filialen der Ketten *Vapiano* und *Five Guys*. Die bekannten Ketten haben sich erst vor wenigen Jahren in Disneyland® Paris niedergelassen, um hungrige Mäuler mit bekannt leckerem Essen zu stopfen.

Vapiano

Wie überall in Europa bietet *Vapiano* auch in Disneyland® Paris italienische Gerichte wie Pizza, Pasta und Salate an. Das Essen wird auf Bestellung zubereitet, während die Gäste dabei zuschauen.

Five Guys

Seitdem die Lieblings-Burgerkette des ehemaligen US-Präsidenten Barack Obama endlich europäischen Boden betreten hat, erfreut sich das *Five Guys* zunehmend großer Beliebtheit. Hier werden Burger ohne großen Schnickschnack, dafür aber mit allerlei frei wählbaren klassischen Toppings angeboten. Wer keine Burger mag, für den gibt es Hot Dogs oder Sandwiches und die legendären, in Erdnussöl frittierten French Fries (Pommes Frites). Kostenlos dazu gibt es Erdnüsse — unbedingt zugreifen (außer natürlich man ist allergisch gegen Nüsse). Grandios lecker sind auch die Milkshakes.

Einziger Wermutstropfen: Die beiden Restaurants Vapiano und Five Guys befinden sich außerhalb des Sicherheitsbereichs, so dass man auf dem Rückweg wieder durch die Sicherheitskontrolle muss – wie auch die Essenstüten.

Souvenirs / Shopping

Wer tagsüber in den Parks noch nicht ausreichend genug geshoppt hat, dem seien die Shoppingmöglichkeiten im *Disney Village*® wärmstens empfohlen. Hier finden sich Souvenirs, die sonst im ganzen Park nicht zu finden sind. Außerdem bieten die Franchise-Restaurants *Planet Hollywood*, *RainForest Café* und *King Ludwig's Castle* eigene Souvenirs an.

- *World of Disney* – hier gibt es nichts, was es nicht gibt

- *Lego*® *Store* – große Auswahl an Lego®-Sets. Beeindruckende Steckfiguren und aus den beliebten Steinen kreierte Bilder machen den Store sehens- und erlebenswert

- *Disney Fashion* – exklusive Kollektionen und Accessoires mit Disney®-Motiven

- *Disney Store* – ein toller Laden mit einzigartiger Inneneinrichtung – ein Blick nach oben lohnt sich

- *Disney Gallery* – schöne Kunst- und Sammelobjekte (Kreditkarte nicht vergessen, es kann teuer werden).

Es war einmal: Festival Disney®

Fans der ersten Stunde kennen das Disney® Village® noch unter dem ursprünglichen Namen *Festival Disney®*. Der Fokus lag auf amerikanischem Lifestyle und konnte auch optisch amerikanischer kaum sein – neben der Diskothek *Hurricanes* gab es ausschließlich amerikanisch thematisierte Bars, Restaurants und Shops. Damals lag die Ausrichtung des Konzepts auf einem abwechslungsreichen Vergnügungsbereich mit lebhaftem Nachtleben, das sogar Jugendliche aus Paris anlockte.

Für die äußere Gestaltung war der international renommierte Architekt Frank Gehry verantwortlich, der beispielsweise die Walt Disney Concert Hall in Los Angeles oder das Guggenheim Museum in Bilbao entworfen hat.

Mit der Gestaltung des Festival Disney® hatte er einen besonderen Akzent gesetzt: Metallisch glänzende, von einem wilden Materialmix dominierte Säulen und Neon-Elementen schufen eine lebhafte Atmosphäre; ein beeindruckendes Oberlicht, das mit mehreren tausend Birnen einen leuchtenden Sternenhimmel nachbildete und den kompletten Bereich überspannte, erinnerte in Grundzügen an den legendären Strip in Las Vegas.

Doch seit damals hat sich vieles verändert: Institutionen wie beispielsweise die Restaurants *Key West Seafood Restaurant*, *Rock'n'Roll America* oder der *Los Angeles Bar & Grill* wurden durch neue Restaurants ersetzt: An deren Stelle findet man heute das *Rain Forest Café*, das *King Ludwig's Castle* bzw. *Café Mickey*, andere wurde sogar komplett geschlossen wie bspw. die Diskothek Hurricanes. Im Gebäude der Diskothek befindet sich mittlerweile ein Restaurant für Cast Member, davor gibt es saisonale Pop Up-Stores.

Erhalten geblieben sind die Säulen – und wer genau hinschaut entdeckt an einigen der Gebäude noch Hinweise auf die ursprüngliche Gestaltung.

Hinzugekommen sind einschlägige (Schnell-)Restaurants wie die Fast-food-Restaurants *McDonalds, Five Guys, Vapiano* sowie eine Filiale des beliebten Coffee-Shops *Starbucks*. Wenngleich dies zwar überwiegend amerikanische Ketten sind, so haben sie doch nichts mehr mit der früheren durch und durch amerikanischen Thematisierung zu tun.

Seit Juni 1997 heißt das *Festival Disney* offiziell *Disney Village* und legt mit Gestaltung und Ausrichtung den Fokus auf ein familienfreundliches Angebot mit saisonalem Entertainment.

Zuletzt wurde auch die **Buffalo Bill's Wild West Show** abgesetzt, eines der letzten Relikte der früheren Thematisierung. Namenspate dieses Dinner-Spektakels, bei dem das Essen übrigens stilecht in Kesseln serviert wurde, war der (umstrittene) Wild West-Abenteurer Buffalo Bill.
Über 90 Mitwirkende (Disney®-Lieblinge und Westerncharaktere) sowie eine Vielzahl an Pferden und bis vor wenigen Jahren sogar echte Büffel machten die Show zu einem besonderen Erlebnis für die ganze Familie.

Die Qual der Wahl – Disneyland® Park oder Walt Disney Studios® Park?

Wem mehr als ein Tag Zeit für einen Besuch zur Verfügung steht, dem stehen die Tore beider Parks weit offen.

Vor und während des Aufenthalts stellt sich aus Erfahrung trotzdem immer wieder die Frage, welchem der beiden Parks die kostbare Zeit gewidmet wird. Vor allem bei knapp bemessener Zeit ist es hilfreich, sich bereits im Vorfeld darüber Gedanken zu machen, was man sehen und erleben möchte.

Wer das authentische Disney®-Erlebnis sucht, der sollte sich den *Disneyland® Park* auf keinen Fall entgehen lassen. Nicht nur, aber besonders für echte Disneyfans sowie für Besucher mit kleinen Kindern ist *Disneyland® Park* ein Muss. Das Angebot wird die Augen aller Familienmitglieder zum Strahlen bringen.

Actionfans, Familien mit actionbegeisterten Kindern und Fans von Disney•Pixar werden in *Walt Disney Studios® Park* jedoch genauso fündig.

Jeder der beiden Parks hat klare Vorteile. Welcher Park für Ihren Aufenthalt geeigneter ist, hängt ganz von Ihren Interessen und der Gruppenkonstellation ab. Letztendlich sollte man sich keinen der beiden Parks entgehen lassen und lieber einen Tag mehr einplanen.

Vorteile Disneyland® Park

- Längere Öffnungszeiten
- Mehr Attraktionen für alle Altersstufen
- Ursprünglicher Disneyland®-Park
- Fokus auf Disney®-Klassikern
- Besonders viele Attraktionen für kleine Kinder.

Vorteile Walt Disney Studios® Park

- Paradies für Film- und Actionfans (mit Fokus auf Disney•Pixar und Marvel)
- oftmals geringere Auslastung als der Disneyland® Park
- Bei einem Kurztrip lässt sich durch die geringere Anzahl an Attraktionen und Fahrgeschäften anteilig mehr erleben als im Disneyland® Park.

Blick über den Lake Disney

Ein Tag – ein Park oder
Ein Tag – zwei Parks

Steht Ihnen nur ein Tag zur Verfügung, gilt es, im Vorfeld einige Grund-
überlegungen anzustellen. Da die Zeit sehr knapp ist, um beide Parks
richtig zu erleben, sollte man sich für einen der beiden Parks entschei-
den. Das spart auch noch Geld beim Eintritt, weil dann das günstige *Ein
Tag / Ein Park*-Ticket ausreicht. Wer sich unbedingt beide Parks an einem Tag *antun* möchte, dem empfiehlt die Autorin die folgende Planung:
Am besten beginnt man den Tag in *Walt Disney Studios® Park*, da diese früher schließen als der *Disneyland® Park*. Dort empfiehlt sich die
Fahrt mit *Ratatouille – L'Aventure Totalement Toquée de Rémy* (über den
Single Rider-Eingang, falls dieser im Einsatz ist) sowie ein Schlenker
durch das *Toy Story Playland* hin zum *Tower of Terror*. Mit viel Glück und
geringen Wartezeiten kann man auf dem Weg in den *Disneyland® Park*
noch eine bis zwei Attraktionen mitnehmen. Gegen elf Uhr sollte man
spätestens in den *Disneyland® Park* wechseln, da danach die Tagestouristen ankommen.
Die Wartezeiten an den Attraktionen können bei der Entscheidung helfen,
welche Attraktionen man ansteuert.

Ticketpreise und Zugangsvoraussetzungen

Ticketpreise

Grundsätzlich gibt es preisliche Unterschiede zwischen Tickets für einen Tag / einen Park, einen Tag / beide Parks sowie Tickets für beide Parks für zwei Tage bis zu vier Tagen. Auch schwanken die Tagespreise saisonal.

Ticketpreise für einen Tag, einen Park

Die Ticketpreise für datierte Tagestickets hängen vom Anreisetag sowie vom Alter der Gäste ab (Preise Stand Oktober 2021):

	Datiertes Tagesticket		Undatiertes Tagesticket	
	Erwachsener (ab 12 Jahre)	Kind (3-11 Jahre)	Erwachsener (ab 12 Jahre)	Kind (3-11 Jahre)
Kat. 1	54 Euro	50 Euro	99 Euro	91 Euro
Kat. 2	59 Euro	54 Euro	-	-
Kat. 3	79 Euro	73 Euro	-	-
Kat. 4	89 Euro	82 Euro	-	-
Kat. 5	94 Euro	86 Euro	-	-

Ticketpreise für einen Tag, beide Parks

Die Ticketpreise für datierte Tagestickets hängen vom Anreisetag sowie vom Alter der Gäste ab (Preise Stand Oktober 2021):

Datiertes Tagesticket		Undatiertes Tagesticket	
Erwachsene (ab 12 Jahre)	Kind (3-11 Jahre)	Erwachsener (ab 12 Jahre)	Kind (3-11 Jahre)
79 Euro	74 Euro	119 Euro	111 Euro
99 Euro	93 Euro	-	-
109 Euro	102 Euro	-	-
114 Euro	106 Euro	-	-

Ticketpreise für beide Parks, zwei oder mehrere Tage

Mehrtagestickets beinhalten grundsätzlich den Besuch beider Parks: (Preise Stand Oktober 2021)

Tage	Erwachsene	Kind (3-11 Jahre)
2	179 Euro	165 Euro
3	219 Euro	201 Euro
4	259 Euro	238 Euro

Zugangsvoraussetzungen

Um die Parks zu besuchen, benötigt man selbstverständlich gültige Tickets. Die Tickets werden am Eingang gescannt. Wenn diese nicht bereits in einer gebuchten Hotel-Pauschale enthalten sind, müssen Tickets separat erworben werden. Hierfür gibt es verschiedene Möglichkeiten:

- Unter regulären Bedingungen sind Eintrittskarten an den Kassen der beiden Parks erhältlich. Die tagesaktuellen Preise sind dann gut sichtbar an Tafeln ausgeschrieben

- Tickets können vorab über die offizielle Website www.disneylandparis.de oder über Drittanbieter gekauft werden. Bei Letzterem ist es ratsam, auf Seriosität zu achten

- Wenn Hygieneauflagen die Anzahl der Gäste pro Tag begrenzen, sind die Kassen in der Regel nicht besetzt. In diesem Fall können Tagestickets lediglich online gekauft werden

- Grundsätzlich wird hierbei unterschieden zwischen datierten 1-Tagestickets sowie undatierten (Mehr-)Tagestickets:

    - Im Falle von **datierten 1-Tagestickets** ist der Zugang für diesen Tag **garantiert**

Um Disneyland® Paris mit **undatierten (Mehr-)Tagestickets** zu besuchen, ist zusätzlich zum Kauf der Tickets eine vorherige, kostenlose Reservierung der gewünschten Daten unter https://register.disneylandparis. com oder über die Hotline unter 069/13804107 (limitiertes Kontingent) erforderlich. Dies gilt auch für Inhaberinnen und Inhaber von Jahreskarten. Gäste von Disney®-Hotels erhalten Zugang zu den Parks unter Vorlage des Magic Pass, der bei Anreise ausgegeben wird. Diese Regelung gilt nicht für Gäste der Partner-Hotels.

Jahreskarten

Jahreskarten funktionieren wie Dauerkarten und gelten für beide Parks.
Bereits ab einem Aufenthalt von drei Tagen bzw. ab dem zweiten geplanten Besuch innerhalb von 12 Monaten kann es sich lohnen, eine Jahreskarte zu erwerben. Jahreskarten bieten diverse Vorteile wie vergünstigte Preise für Hotels (Room Only-Angebote), exklusive Events sowie Rabatte für Restaurants und Souvenirs.

Es gibt insgesamt vier verschiedene Jahreskartenmodelle, die in Abhängigkeit des Kaufpreises unterschiedliche Vergünstigungen und Sonderrechte enthalten. Das wichtigste Entscheidungskriterium ist neben dem Preis die Anzahl der Tage, an denen die Jahreskarte nicht genutzt werden darf (die sogenannten Blockout-Tage). Kurzum, je teurer die Karte ist, desto geringer bis nicht mehr existent ist die Anzahl der Blockout-Tage.

Als Hotelgast eines Resort-Hotels ist dies allerdings ohnehin irrelevant, da man als solcher die Blockout-Tage vollständig umgehen kann.

Preise der Jahreskarten (Stand Oktober 2021):

Jahreskarten-Typ	Umfang	Kosten
Discovery	150 Tage Eintritt	179 Euro
Magic Flex	300 Tage Eintritt	259 Euro
Magic Plus	350 Tage Eintritt	299 Euro
Infinity	365 Tage Eintritt	449 Euro

Letztendlich ist es ein Rechenexempel, ob sich der Erwerb einer Jahreskarte lohnt. Hier ein paar grundlegende Hinweise:

- Jahreskarten können vor Ort an den Ticketschaltern und Jahreskartenbüros, telefonisch unter 069 13 80 41 07 oder online erworben werden (die Website ist ausschließlich auf Französisch)

- Wer nach einem Besuch entscheidet, eine Jahreskarte zu erwerben, kann sich **Einzel-Tickets** innerhalb von 31 Tagen auf eine Jahreskarte anrechnen lassen. Tickets aus Pauschalen sind nicht anrechenbar. Zum Erwerb einer Jahreskarte ist die Vorlage eines Ausweisdokuments sowie eines Banknachweises notwendig (Kontoauszug reicht)

- Infinity-Jahreskartenbesitzer können spezielle Bereiche für die Parade (Royal Castle Stage) und die abendliche Show (Town Square) nutzen – Online-Reservierungen sind möglich

- Mit einer Infinity- oder einer Magic-Plus-Jahreskarte können die Extra Magic Hours auch ohne Übernachtung in einem der Disney-Hotels genutzt (mit eigenem Zugang) und günstige Freundestickets gekauft werden (begrenzte Anzahl)

- Bei der Discovery-Jahreskarte sind die ersten beiden Tage nach Kauf Sperrtage

- Verbunden mit einer Anzahlung können Jahreskarten auch monatlich abgezahlt werden.

Hinweis: Es gibt Kapazitätsgrenzen für Gäste in den beiden Parks. Wenn dieses Limit erreicht ist, erhalten auch Inhaberinnen und Inhaber von

Jahreskarten keinen Zutritt mehr.

Seit 2021 müssen Gäste mit Jahreskarte ihren Parkbesuch im Vorfeld registrieren – mit der Einschränkung, dass maximal drei Tage gleichzeitig reserviert werden können. Es empfiehlt sich daher, entweder in einem Disney®-Hotel zu übernachten und ein Room Only-Kontingent zu buchen, um mit dem Magic Pass Zugang für die komplette Dauer des Aufenthalts zu erhalten oder einen weiteren Tag zu reservieren, sobald der erste Besuchstag vorbei ist.

Die Reservierung der gewünschten Daten erfolgt unter https://register.disneylandparis.com oder über die Hotline unter 069/13804107.

Anreise

So verschieden die individuellen Urlaubsvorlieben sind, so unterschiedlich sind auch die Anreise-Vorlieben.

Mit dem Auto

Die flexibelste Möglichkeit, ins Disneyland® zu reisen, ist die Anreise mit dem Auto. Die Anreisedauer variiert in Abhängigkeit von Strecke, Fahrttempo, Jahreszeit und Anreisetag. Am besten checkt man die Strecke vorher über einen Routenplaner. Als Beispiel: Ab dem Großraum Frankfurt dauert die Anreise ca. fünf bis sechs Stunden.

Die Autorin empfiehlt die Nutzung der mautpflichtigen Strecken (Autobahnen), wenngleich deren Nutzung gebührenpflichtig ist. Dafür sind die Autobahnen selten überfüllt und immer in gutem Zustand.

Die Gebühr kann bar oder mit Kreditkarte bezahlt werden. Die Preise variieren saisonal.

Tanken ist überall entlang der Strecke möglich. Hinter dem Hotel *Santa Fe* befindet sich auch eine Tankstelle, an der es sogar Autogas gibt.

Zieladresse:

77700 Serris / Coupvray,

Straße: Boulevard de Parc Disney

Abfahrt 14 auf der Autobahn A4 (Micky Maus grüßt rechtzeitig)

Breitengrad 48.876077 – Längengrad 2.79646

(Parkplatz Disneyland® Paris; Hotelgäste müssen vorher abzweigen)

Mit dem Flugzeug

In Paris gibt es zwei Flughäfen: *Paris Charles de Gaulle (CDG)* sowie *Paris Orly (ORY)*. Das Resort wird von beiden Flughäfen aus regelmäßig mit kostenpflichtigen Shuttlebussen *(Magic Shuttle)* angefahren. Die Fahrt dauert bis zu 60 Minuten und ist teurer als beispielsweise die Fahrt mit dem Schnellzug *TGV*, der vom Flughafen Charles de Gaulle aus ebenfalls das Resort ansteuert. Diese Fahrt dauert ca. 10 Minuten.

Alternativ kann man von den Flughäfen aus auch den *ÖPNV* nutzen. Die Fahrt mit *Metro* und *RER-Schnellbahn* dauert ca. 40 Minuten. Infos zu Preisen und Abfahrtszeiten erhält man unter https://www.ratp.fr/en/ (die Website ist auf Englisch verfügbar).

Mit dem Zug

Dank gezielter Investitionen verfügt das Resort mit dem Bahnhof *Marne la Vallée-Chessy* über einen direkten Anschluss an das *TGV*-Hochgeschwindigkeitsbahnnetz sowie die *RER*.

Fernverkehr aus Deutschland:
Viele deutsche Städte verfügen über eine Direktverbindung nach Paris, von denen einige nachstehend beispielhaft aufgeführt sind:

Von *Frankfurt am Main* und *Stuttgart* erreicht man den Bahnhof Paris *Gare d'Est* in knapp vier Stunden. Von dort aus erreicht man das Resort bspw. mit der Metro M4 Richtung Mairie de Montrouge,

Umstieg an der Station Les Halles in die RER-Schnellbahn Linie A Richtung Marne-la-Vallée, Ausstieg Parcs Disneyland®.

Aus *Köln* und *Aachen* gelangt man am einfachsten mit dem *Thalys* nach *Paris Nord*. Von dort verkehrt ebenfalls die RER-Schnellbahn.
Alternativ bietet sich auch der *DB Nachtzug* an, der *Berlin* und *Hamburg* mit Paris verbindet. Informationen und Reisemöglichkeiten erhält man unter www.bahn.de/citynightline.

Zugtickets können über die Websites der Anbieter erworben werden:
www.bahn.de
www.sncf.de
www.thalys.de

Nahverkehr:

Über die *RER-Linie A* ist das Resort aus dem Zentrum von Paris (Stationen Charles-de-Gaulle-Étoile, Auber, Châtelet-Les-Halles, Gare de Lyon oder Nation) zu erreichen (Endstation Marne la Vallée-Chessy/Parcs Disneyland®).
Die Fahrt mit der RER dauert ca. 40 Minuten. Infos zu Preisen und Abfahrtszeiten erhält man unter https://www.ratp.fr/en/ (Seite auf Englisch).

Tipps: Bitte beachten Sie, dass die Anreise mit *ICE* und *TGV* in Frankreich reservierungspflichtig ist. Nur solange es noch freie Sitzplätze gibt, sind Tickets verfügbar. Daher lohnt es sich, rechtzeitig zu reservieren.
Karten für *RER* und *Metro* kauft man bequem vor Ort am Automaten oder am Ticketschalter.

Tipp: Die Rush Hour in Paris ist bis ca. 9.30 Uhr. Daher empfiehlt es sich, die Anreise entsprechend nachgelagert einzurichten.

Mit dem Bus

Busunternehmen bieten mitunter Ein-Tages- oder Mehr-Tages-Reisen ins Disneyland® an. Bei Tagesreisen starten die Busse in der Regel am späten Vorabend und fahren die Nacht durch. Angebote von Reiseunternehmen unterliegen jedoch saisonalen und qualitativen Schwankungen, weswegen hier keine Empfehlung abgegeben werden kann.

Lediglich *FlixBus* als größter Anbieter ist erwähnenswert, wenngleich *FlixBus* zwar nach Paris fährt, aber nicht direkt das Disneyland® ansteuert. Hier ist ein Umstieg notwendig. Empfohlene Haltepunkte sind, je nach Verbindung, *Bercy* sowie der Stopp am Flughafen *Charles de Gaulle*.

Übernachten

Um Gästen ein ganzheitliches Erlebnis zu bieten, wurden Hotels für jeden Geschmack in das Resort integriert. Die *Disney®-Hotels* befinden sich in fußläufiger Entfernung zu den beiden Parks sowie zum Disney Village und bieten einen kostenlosen Shuttle-Service an (mit Ausnahme der Disney's Davy Crockett Ranch).

Um die Besucherströme aufzufangen, bieten bekannte Hotelketten (siehe Abschnitt *Partnerhotels*) zusätzliche Übernachtungskapazitäten. Diese befinden sich außerhalb des Resorts, sind aber ebenfalls durch Shuttlebusse an die beiden Parks angeschlossen.

Sowohl für die Disney®-Hotels als auch für die Partnerhotels können Pauschalen gebucht werden. Die Pauschalen beinhalten Eintritt in die Parks und Übernachtung. Regelmäßig sind Angebote verfügbar, die Rabatt gewähren und / oder Inklusivleistungen wie Halbpension beinhalten.

Buchen kann man die offiziellen Pauschalen auf verschiedenen Wegen: Online unter www.disneylandparis.com, telefonisch unter 069/13804107 oder im Reisebüro.

Tipp: Buchungen, die mindestens 30 Tage vor Anreise vorgenommen werden, können ohne Aufpreis in zwei Raten gezahlt werden.

Disneyland® Hotels

Es ist ein besonderes Erlebnis, den Besuch von Disneyland® Paris mit einer Übernachtung in einem der Disney-Hotels zu krönen. Die Magie aus den Parks überträgt sich auch auf die Disney®-eigenen Hotels.

Die Hotels befinden sich entweder direkt am Disneyland® Park (Disneyland® Hotel), rundherum um den Lake Disney (Disney's Hotel New York - The Art of Marvel, Disney's Newport Bay Club, Disney's Sequoia Lodge) oder in fußläufiger Entfernung (Disney's Hotel Cheyenne und Disney's Santa Fe). Ausnahme: Disney's Davy Crocket Ranch.

Jedes Hotel hat eine individuelle Thematisierung und spiegelt in Gestaltung und Ausrichtung verschiedene amerikanische Epochen und Regionen wider – natürlich nicht, ohne Lieblingscharaktere von Disney bzw. seit Neuestem auch Marvel in das Gestaltungskonzept zu integrieren.

Die Disneyland® Hotels bieten für (fast) jedes Reisebudget eine Übernachtungsmöglichkeit – allerdings hängen die Preise stark von Saison und Jahreszeit ab. Wer nicht an Ferien gebunden ist, kann Glück haben und zu wirklich guten und günstigen Konditionen übernachten.

Als Faustregel gilt: Je teurer das Hotel, desto kürzer der Weg zum Park – im teuersten Hotel am Platz, dem *Disneyland® Hotel*, wohnt man quasi direkt am Disneyland® Park. Dort gibt es dann verständlicherweise keinen Shuttle-Service mehr. Allerdings kann man selbst von den weiter entfernten Hotels *Cheyenne* und *Santa Fe* aus entlang des Flusses *Rio Grande* zum Park hin und zurück laufen. Alle Wege führen zum Lake Disney und von dort aus durch das Disney Village® direkt zu den Parks.

Praktische Hinweise:

Der Check-In für die Hotels ist vorab online möglich. Hierzu können Sie Ihre Daten ab sieben Tage vor Ankunft in der offiziellen Disneyland® Paris App hinterlegen. An der Rezeption erhalten Sie am Anreisetag Ihren Magic Pass, der als Zimmerschlüssel und Zugangsberechtigung in die beiden Parks genutzt wird.

Die Zimmer selbst sind am Anreisetag ab 15 Uhr bezugsfertig. Am Abreisetag stehen sie bis 11 Uhr zur Verfügung.
Ausnahmslos alle Hotels halten Handtücher und Bettwäsche für ihre Gäste bereit. Föns auch, dies jedoch mit Ausnahme der Standard-Blockhütten auf der *Davy Crocket Ranch*.

Disneyland® Hotel
5 Sterne, Deluxe-Kategorie

Wer gerne wie seinerzeit der *King of Pop* Michael Jackson übernachten möchte, dem sei das *Disneyland® Hotel* empfohlen. Das Hotel empfängt seine Gäste mit romantischer Architektur im viktorianischen Stil und ist gleichzeitig der Eingangsbereich zum Disneyland® Park. Im Außenbereich des Hotels sind die für alle Besucher zugänglichen *Fantasia Gardens* angelegt. Blumenbeete, ein romantischer Teepavillon und Wasserläufe bilden einen würdigen Vorplatz für dieses imposante Hotel.

Trotz des regen Treibens im Außenbereich des Disneyland® Park finden Gäste Ruhe und Entspannung – für gehobene Ansprüche sogar in einer der Suiten des Castle Clubs (mit separatem Aufzug zur Etage) oder der Honeymoon-Suite.

Es muss jedoch nicht unbedingt eine Suite sein, um Luxus und Exklusivität zu genießen, denn daran wurde im gesamten Hotel nicht gespart – selbst in den Standardzimmern werden abends die Vorhänge von Cast Membern zugezogen und kleine Betthupferl auf den Kissen hinterlegt.

Wie es sich für das beste Hotel am Platz gehört ist die Dichte der verschiedensten Disney®-Charaktere, die den Gästen ohne allzu lange Schlangen ihre Aufwartung machen, im Disneyland® Hotel am höchsten. So kann es schnell passieren, dass Micky und Minnie oder eine der Prinzessinnen mit ihrem Prinzen den Weg der Gäste kreuzen und nett lächelnd für ein Foto posieren.

Besonders schön ist das Disneyland® Hotel zu Weihnachtszeit, wenn ein riesengroßer Weihnachtsbaum und ein großes Lebkuchenhaus die Lobby in weihnachtliche Stimmung einhüllen.

Ein Foto vor dem Disneyland® Hotel gehört einfach dazu

Restaurants:

- Inventions (Buffet-Restaurant) – internationale Küche auf gehobenem Niveau. Sonntags ist das Inventions Ort des legendären Brunchbuffets

- California Grill (À-la-carte-Restaurant) – internationale Küche auf höchstem Niveau im exklusiven, gehobenen Ambiente mit erstklassigem Service. Ein kulinarisches Erlebnis der Extraklasse ist garantiert. Mit etwas Glück bekommt man sogar einen Tisch mit Blick auf den Park.

Bar:

Café Fantasia – eine stilvolle, edle Bar mit besonderer Getränke-Karte und kleinen Snacks. Nachmittags kann eine authentische englische Tea Time gebucht werden.

Besondere Hotel-Ausstattung und Angebote:

- Lunch und Dinner mit Besuch von Disney®-Charakteren (zusätzlich auch beim Frühstück für Gäste der Suiten).

- Princess for a day – Schmink- und Styling-Angebote für Kinder

- *Tea Time* im Café Fantasia

- *Sparkling Experience* – ein luxuriöses Dinner-Event mit exklusivem Blick auf das abendliche Feuerwerk

- *thematisierter Sonntagsbruch* mit Disney®-Charakteren

- Innenpool und Whirlpool

- Sport- und Wellnessbereich

- Kinder-Club

- (Honeymoon-)Suiten mit höherem Komfort und Zusatzleistungen.

Hinweis:

Im Zuge der Renovierung werden die Suiten thematisch je einer der Prinzessinnen gewidmet. Außerdem erhält das Hotel eine der international beliebten *Bibbidi Bobbidi Boutiquen*, in der zukünftig die *Princess for a day*-Makeovers möglich sind.

Fun Facts:

Das Disneyland® Hotel ist neben dem Schloss vermutlich das meistfotografierte Gebäude des gesamten Resorts. Zu seinen populärsten Zeiten hatte Michael Jackson bei seinen Besuchen immer einen kompletten Flügel des Hotels für sich und seine Entourage angemietet, um dem Rummel um seine Person zu entkommen. Außerdem nutzte er die Fahrgeschäfte des Parks ausschließlich nachts – diese Spezialbehandlung wird Normalsterblichen jedoch vorenthalten.

Wer einen Hauch Luxus abbekommen und einen neugierigen Blick riskieren möchte, kann dies jederzeit auch als Besucher tun, denn die Lobby des Hotels, die Shops und Restaurants sind nicht exklusiv den Hotelgästen vorbehalten.

Disney's Hotel New York – The Art of Marvel
4 Sterne, Deluxe-Kategorie

Wie schon der Name des 2021 wiedereröffneten Hotels verrät, haben in Disney's Hotel New York die beliebten Heldinnen und Helden aus dem Marvel-Universum Einzug gehalten. Schon im Außenbereich grüßen Black Panther, Captain Marvel und Iron Man als lebensgroße Statuen und geben einen Vorgeschmack darauf, was Gäste im Inneren des Hotels erwartet: Das im modernsten New Yorker Stil gehaltene Hotel, dessen Architektur an einen der noblen Hochhauskomplexe im New Yorker Stadtteil Manhattan erinnert, beherbergt über 350 Kunstwerke und ist dadurch eine Mischung aus Kunstgalerie und Hotel.

Jede Etage ist mit Kunstwerken beliebter Marvel-Charactere ausgestattet: So finden sich in den Zimmern großartige Drucke von *Spider-Man*, *Captain America*, *Thor* und *Hulk*, *Iron Man*, *Captain Marvel*, den *Guardians of the Galaxy*, *Black Widow*, *Ant-Man and the Wasp* und *Dr. Strange*. Welche Artworks man erwischt, ist Glücksache. Sehenswert sind sie alle miteinander.

Die Zimmer selbst sind in schlichtem, geschmackvollem Grau und Weiß gehalten, denn die Farbakzente werden durch das Marvel-Artwork gesetzt. Das puristische, edle Design setzt sich in der Ausstattung fort. Selbst die Zimmernummern sind in Marvel-Design gehalten.

Im hoteleigenen Shop, der *New York Boutique*, gibt es zudem eine riesige Auswahl an Marvel-Fanartikeln sowie Merchandise des Hotels, das es nur dort zu kaufen gibt.

Als besonderes Fan-Event gibt es exklusiv im Hotel die *Super Hero Station* – eine geniale Fotostation mit Fotoboxen und Kulissen, die Fotos im Super Hero-Style möglich machen: Neben Peter Parker, der sein Zimmer für ein Foto bereitstellt, haben auch Thor, Captain Marvel, die Guardians of the Galaxy sowie Ant-Man and the Wasp Accessoires bereitgestellt.

Tipp: Die Nutzung der Super Hero Station ist sieben Tage im Voraus über die offizielle Disneyland® Paris-App buchbar. Aufgrund der großen Nachfrage ist die Nutzung nur für Hotelgäste freigegeben.

Für junge Marvel-Fans gibt es das *Marvel Design Studio* mit Kreativmöglichkeiten (Öffnungszeiten: 8 bis 22 Uhr).

Abendstimmung vor Disney's Hotel New York – The Art of Marvel

Restaurants:

- **Downtown Restaurant (Buffet-Restaurant)** - offene Küche mit Show-Cooking; die kulinarische Reise führt Gäste durch die New Yorker Stadtteile Chinatown und Little Italy und hält dementsprechend chinesische, amerikanische und italienische Gerichte für die Gäste bereit; Erwachsene zahlen 40 Euro, Kinder 30 Euro

- **Manhattan Restaurant (À-la-carte-Restaurant)** - schickes Restaurant mit italienischer Küche, dessen Design an das fiktive Reich *Asgard* erinnern soll. Besonderes Highlight ist ein beeindruckender Kronleuchter in der Mitte des Saals. Das Menü kosten 42 Euro für Erwachsene, ab 27 Euro für Kinder.

Bars:

- **Bleeker Street Lounge** – Bar im Stil eines modernen Lofts, dessen Design durch Beton und Ziegelsteine besticht. Im Angebot sind kleine Snacks sowie außergewöhnliche, thematisierte Cocktails für Erwachsene und Kinder (selbstverständlich auch ohne Alkohol). Der Name der Bar ist eine dezente Reminiszenz an das Domizil von Dr. Strange

- **Skyline Bar** – schicke, stilvolle Bar mit einem (animierten) Blick auf die Skyline von New York, in die sich der Stark-Tower hineingemogelt hat; hin und wieder schauen sogar Spider-Man und Iron Man vorbei, Quin Jets können beim Landen beobachtet werden. Angeboten werden thematisierte, außergewöhnliche Cocktails.

Besondere Hotel-Ausstattung:

- Super Hero Station (Fotopoint)

- Schwimmbad *Metro Pool* (In- und Outdoorpool)

- Hero Training Zone (Sportbereich)

- Marvel Design Studio für Kinder und Jugendliche

- Empire State-Clubzimmer, Spider-Man- und Präsidenten-Suiten mit höherem Komfort und Zusatzleistungen; Preise der Suiten auf Anfrage.

Fun Facts: Disney's Hotel New York – The Art of Marvel ist das erste Marvel-thematisierte Hotel weltweit.

Im Eingangsbereich sind Skizzen des Avenger Campus ausgestellt. Außerdem finden sich dort regelmäßig Ankündigungen kommender Filme.

Disney's Hotel New York früher:

Bevor das Hotel im Januar 2019 für eine Grundsanierung geschlossen wurde, spiegelte es in seiner Gesamtheit den Charme von New York der 90er Jahre wider. Es machte dem *Big Apple*, wie New York im Volksmund auch genannt wird, alle Ehre. Gäste wurden bereits beim Eintreten mit einem leichten Apfelgeruch empfangen, mit dem die öffentlichen Bereiche des Hotels beduftet wurden. Der Apfel als Symbol für die Stadt fand sich auch im Inventar des Hotels wieder und die (Aufzugs-)Musik erinnerte u.a. mit dem Jazz-Lied *Take Five* an die musikalischen Wurzeln der Stadt.

Im Winter gab es sogar die Möglichkeit Schlittschuh zu laufen – auf der hoteleigenen Eisbahn vor dem Hotel, die an die berühmte Eisbahn vor dem New Yorker Rockefeller Center erinnerte.

Disney's Newport Bay Club
4 Sterne, Deluxe-Kategorie

Am Lake Disney lässt Neuengland grüßen – wer schon immer einmal in einem mondänen Seebad um das Jahr 1900 übernachten wollte, ist hier richtig, denn der Newport Bay Club empfängt seine Gäste im luxuriösen, maritimen New England-Ambiente.

Die maritime Thematisierung des Hotels mit prominenter Lage am Lake Disney und hoteleigenem Steg wird auch in der Inneneinrichtung der öffentlichen Bereiche sowie in den Zimmern stilecht umgesetzt. Die hotelspezifische Begrüßung *Willkommen an Bord* passt hervorragend zur Inneneinrichtung, denn die Gestaltung der Zimmer ist luxuriösen und großzügigen Kajüten nachempfunden mit Möbeln, die wie Überseekoffer aussehen und *Bullaugen*, aus denen Disneycharaktere neugierig ins Zimmer hineinschauen – natürlich nur als Kunstelemente der Tapete. Außerdem besticht das Hotel durch den schönsten und thematisch passendsten In- und Outdoor-Pool des Resorts mit vielen maritimen Elementen.

Von der Terrasse aus hat man einen schönen Blick auf den *Lake Disney*. Der im Rhythmus von Wind und Wellen schaukelnde Leuchtturm bringt Entspannung nach einem Tag im Trubel der Parks.

Die Restaurants warten mit Seafood und klassischen Fleischgerichten aus Neuengland auf. In der Hotelbar gibt es neben Getränken auch kleine Snacks. Beim Genuss der Cocktails können allerlei nautische Gegenstände und hochwertige Modellschiffe bestaunt werden.

Fun Fact: Das Hotel *Disney's Newport Bay Club* ist nicht nur das größte Hotel unter den Disney®-Hotels, sondern auch eines der größten Hotels in Europa.

Restaurants:

- **Cape Cod (Buffet-Restaurant)** – internationale und mediterrane Fleisch- und Fischgerichte; Menü 38 Euro für Erwachsene, 26 Euro für Kinder

- **Yacht Club (À-la-carte-Restaurant)** – typische Fischgerichte aus New England, ergänzt um beliebte Fleischgerichte

Bar:

Captain's Quarters – Cocktails, Aperitif und kleine Snacks

Besondere Hotel-Ausstattung:

- Clubzimmer und Suiten mit höherem Komfort und Zusatzleistungen

- Schwimmbad mit Innen- und Außenbereich

- Sport- und Wellnessbereich, Joggingpfad

- Tagungsräume.

Disney's Sequoia Lodge
3 Sterne, Moderate-Kategorie

Im Stil der großen amerikanischen Nationalparks angelegt, ist das Disney®-Hotel *Sequoia Lodge* mit das rustikalste, gleichzeitig aber eines der gemütlichsten Hotels unter den Disney®-Hotels. Neben dem Haupthaus laden Lodges dazu ein, einen Urlaub *mitten in der Natur* zu verbringen. Im Inneren empfängt die *Lodge* seine Gäste mit einem dezenten Geruch von Pinie. Das rustikale und gemütliche Interieur lädt am offenen Kaminfeuer der *Redwood Bar and Lounge* zum Verweilen ein, um die schönen Erlebnisse des Tages Revue passieren zu lassen und ist dadurch der perfekte Ort für kalte Herbst- und Winterabende.

Die Zimmer sind genau wie die öffentlichen Bereiche eher rustikal eingerichtet mit einer waldbezogenen Thematisierung. So grüßt u.a. Bambi von der Tapete.

Die Außenanlage beeindruckt mit imposanten, eigens importierten Mammutbäumen (Sequoias) und gibt Gästen das Gefühl von Ruhe und Abgeschiedenheit. Familie Biber tummelt sich derweil am hoteleigenen Biberdamm und ist fleißig am Arbeiten.

Eines ist sicher: Mit direkter Lage am Lake Disney muss sich die *Sequoia Lodge* nicht hinter den luxuriöseren Hotels *Disney's Newport Bay Club* und *Disney's* Hotel *New York - The Art of Marvel* verstecken.

Restaurants:

Hunter's Grill und Beaver Creek Tavern (Buffet-Restaurants) – Internationale Fleisch- und Fischgerichte für jeden Geschmack im Ambiente einer rustikalen kanadischen Hütte.

Bar:

Redwood Bar and Lounge – gemütlichste Bar im ganzen Resort, die von einem riesigen Kamin dominiert wird und in ihrer Gemütlichkeit an eine (große) Holzhütte erinnert. In der kalten Jahreszeit wird der Kamin angeheizt.

Besondere Hotel-Ausstattung:

- Hauptgebäude und separate Lodges

- In- und Outdoorpool

- Sport- und Wellnessbereich, Joggingpfad

- Schöner Außenbereich mit Biberdamm

- Clubzimmer und Suiten mit höherem Komfort und Zusatzleistungen.

Disney's Hotel Cheyenne
3 Sterne, Value-Kategorie

Für kleine und große Cowboys und Cowgirls, Familien, Paare und Gruppen, die keinen Wert auf Luxus legen, sondern etwas erleben und entdecken möchten, ist das *Hotel Cheyenne* genau das Richtige: Holzhäuser, die einer Kulisse für einen Western-Film entsprungen sein könnten und die nach Westernhelden wie *Wyatt Earp* oder *Billy the Kid* und Häuptlingen der amerikanischen Ureinwohner benannt wurden, sorgen für eine gelungene und authentische Westernatmosphäre.

Die öffentlichen Bereiche des Hotels (Rezeption, Restaurant und Bar) sind im Haupthaus untergebracht. Daran anschließend gibt es eine Vielzahl identischer Nebengebäude, in denen jeweils mehrere Zimmer untergebracht sind. Besonders schön ist die Lage des Hotels am nahegelegenen Fluss Rio Grande.

Die rustikal eingerichteten Zimmer empfangen Gäste mit Toy Story-Thematisierung (Sheriff Woody lässt grüßen); Restaurant und Bar laden zum gemütlichen Verweilen ein. Es gibt sogar ausreichend Sitzgelegenheiten in deren Außenbereich, um bei trockenem Wetter und angenehmen Temperaturen einen ereignisreichen Tag gemütlich ausklingen zu lassen.

Gäste kommen in diesem Hotel auf ihre Kosten, ohne dafür die höheren Preise der meisten anderen Hotels in Kauf nehmen zu müssen. Dafür ist der Weg zum Park zwar etwas länger (ca. 20 Minuten), was durch die kostenlosen Pendelbusse geschickt umgangen werden kann.

Seit neuestem gibt es einen Pfad der Biodiversität, der dem ökologischen Bewusstsein des Resorts Nachdruck verleiht. Das angebaute Obst und das Gemüse wird in den parkeigenen Restaurants verarbeitet.

Restaurant:

Chuck Wagon Café (Buffet-Restaurant) – Internationales Essen im Hotel-Restaurant, das wie eine Scheune eingerichtet ist. Fans von Barbecue kommen bei diesem Buffet ebenso auf ihre Kosten wie Fans asiatischer Küche. Erwachsene zahlen 32 Euro für das Buffet, Kinder 18 Euro (inklusive Getränk)

Bar:

Red Garter Saloon – gemütlicher Western-Saloon, in dem durchgängig Country- und Westernmusik gespielt wird.

Besondere Hotel-Ausstattung:

- Toy Story-Themenzimmer

- Starbucks-Filiale am Hotel

- Indoor-Spielplatz

- Jogging-Pfad

- Ponyreiten (saisonal, gegen Aufpreis)

- Pfad der Biodiversität.

Disney's Hotel Cheyenne früher:

Die öffentlichen Wege im Außenbereich waren früher mit Sand gekiest, um eine möglichst authentische Westernatmosphäre zu schaffen. Da der Sand seinen Weg aber auch in die öffentlichen Hotelbereiche und die Zimmer fand, wurden die Wege im Zuge einer Kernsanierung des kompletten Hotels geteert.

Disney's Hotel Santa Fe
2 Sterne, Value-Kategorie

Im mexikanischen Stil erbaut, bietet das *Hotel Santa Fe* südamerikanisches Flair und viel Trubel. Namenspate des günstigsten Resort-Hotels ist die Hauptstadt von Neu-Mexiko, Santa Fe. Aufgrund seiner Lage an der legendären *Route 66* dreht sich thematisch ansonsten alles um Autos. Nichts lag daher näher, als Elemente im und am Hotel sowie die Inneneinrichtung der Zimmer nach Motiven aus dem Film *Cars* zu gestalten. So grüßen *Lightning McQueen* und *Sally* ankommende Gäste bereits weithin sichtbar vom Eingang des Hotels aus und ganz neu auch an der Rezeption; die Deko in den Zimmern besteht u. a. aus Pylonen, die Fliesen in den Badezimmern erinnern an Start- und Zielflaggen von Autorennen.

Da das Hotel aufgrund der im Verhältnis zu den anderen Hotels günstigeren Preisen gerne von Familien gebucht wird, geht hier der Trubel nach Verlassen der Parks weiter. Aber genau das macht das Hotel aus.

Restaurant:

La Cantina (Buffet-Restaurant) – Mexikanisch thematisiertes Restaurant, das einem Marktplatz mit verschiedenen Marktständen nachempfunden ist. Zur Auswahl stehen neben Tex-Mex-Gerichten auch internationale Gerichte, so dass sich für jeden Geschmack und die ganze Familie etwas Leckeres findet.

Bar:

Rio Grande Bar – farbenprächtige Bar mit typisch mexikanischer Farbgestaltung und Design, die dazu einlädt, mit Freunden und Familie zu feiern. Die Bar befindet sich im gleichen Raum wie das Restaurant, jedoch sind die beiden Bereiche voneinander getrennt.

Besondere Hotel-Ausstattung:

- Starbucks-Filiale am Hotel

- Jogging-Pfad

- nahegelegene Tankstelle (Esso).

Disney's Hotel Santa Fe früher:

Wo sich heute die Helden aus Cars tummeln, ging es früher deutlich rauer zu. Während heute Montgomery „Lightning" McQueen und Sally von der überdimensionalen Leinwand über der Hotelzufahrt grüßen, zierte früher Clint Eastwoods Konterfei diese Leinwand – selbstverständlich in seiner

Rolle als *Mann ohne Namen* aus der Western-Trilogie von Sergio Leone. Der New Mexiko-Style ist zwar auch heute noch sichtbar, jedoch war die gesamte Ausrichtung früher deutlich authentischer und spartanischer. Der kulturelle Einfluss der amerikanischen Ureinwohner sowie der spanischen und mexikanischen Bevölkerung waren im Fokus der kargen Deko und definierten das Erscheinungsbild sowohl im Innen- als auch im Außenbereich.

In den Zimmern der *Pueblos,* wie die traditionellen Gebäude in der Stadt Santa Fe genannt werden, mussten die in Braun-, Ocker- und Rosttönen gehaltenen Patchwork-Decken und Bordüren weichen und wurden um die Helden aus Cars ergänzt bzw. teilweise ganz ausgetauscht. Im Außenbereich wurden ebenfalls Veränderungen vorgenommen: Zu den auffallendsten Veränderungen gehören sicher die Beleuchtungselemente mit liebevoll gestalteten Silhouetten entlang der Flachdächer der Pueblos, die mit ihrem warmen Licht dann doch wieder die romantische Lichtstimmung in New Mexico aufgreifen sollen.

Disney Nature Resorts

Naturfreunde und Ruhesuchende sind in den beiden *Disney Nature Resorts* genau richtig. In Blockhütten (*Davy Crockett Ranch*) bzw. Apartments (*Villages Natures© Paris*) finden Familien und Gruppen ausreichend Platz und die Möglichkeit zur Selbstversorgung. Beide Resorts sind idyllisch im Grünen gelegen und bieten verschiedene zusätzliche Freizeitmöglichkeiten als Ergänzung zu den Angeboten in den Vergnügungsparks.

Disney's Davy Crocket Ranch

Mitten im Grünen befinden sich die nach dem Vorbild amerikanischer *Mobile Homes* gebauten Blockhütten. Wer nach einem langen Tag im Park Ruhe sucht und sich gerne selbst verpflegt, ist hier genau richtig.
Die Blockhütten der nach dem amerikanischen Trapper *Davy Crocket* bekannten Ranch sind in drei verschiedenen Kategorien verfügbar. Sie bieten immer Platz für bis zu sechs Personen sowie Koch- und Grillmöglichkeiten Das Frühstück wird als Paket gepackt und muss morgens abgeholt werden.

Ein Aufenthalt auf *Disney's Davy Crocket Ranch* bedarf besonderer Hinweise: Da sich die Ranch ca. 15 Autominuten vom Park entfernt befindet und kein Pendelbus eingesetzt wird, ist ein eigenes Fahrzeug zwingend notwendig. Außerdem sollte bei der Planung berücksichtigt werden, dass sich die Schlafmöglichkeit für die 5. und 6. Person im Gemeinschaftswohnbereich befinden können.

Tipp für Gäste mit Hund:

Auf der Ranch gibt es die Möglichkeit, Hunde mitzunehmen. Dies ist allerdings nur bei einer begrenzten Anzahl der Hütten möglich und muss im Vorfeld entsprechend gebucht werden. Hundefutter gibt es in der Hotelboutique zu kaufen.

Die Erlaubnis von Hunden in den Blockhütten schließt den Zutritt zum Park für Hunde nicht mit ein, außer natürlich, es handelt sich um einen Begleithund.

Restaurant

Davy Crocket's Tavern (Buffetrestaurant) – rustikal eingerichtetes Restaurant, in dem eine große Auswahl an Fleischgerichten, aber auch Lachs, Salate und eine vegane Chili-Option angeboten wird. Erwachsene zahlen 32 Euro pro Person, Kinder 18 Euro.

Außerdem kann Pizza zum Mitnehmen bestellt werden
(zur Selbstabholung).

Bar:

Crockett's Saloon – ein rustikaler Saloon, der gut zur Ranch passt.

Besondere Ausstattung:

- Innenpool

- Überdachter Tennisplatz

- Outdoor-Spielplatz

- *Davy Crocket Adventure*: Hochseilgarten (gegen Aufpreis)

- Minigolf (gegen Aufpreis)

- Videospielhalle *The Lucky Racoon* (gegen Aufpreis).

Villages Natures© Paris
4-Sterne Hotel

In Zusammenarbeit mit Center Parcs entstand 2017 das *Villages Natures© Paris* – ein eigenes Ferienresort nach dem Vorbild der europaweit etablierten Center Parcs-Kette.

Das *Villages Natures© Paris* ergänzt das bestehende Angebot für Gäste, die neben dem Freizeitpark-Erlebnis Freizeitaktivitäten in der Natur nutzen möchten. Es gibt insgesamt fünf verschiedene Themenbereiche, darunter auch ein In- und Outdoor-Wasserparadies sowie einen idyllischen See mit eigenen Wassersportangeboten.

Vom Outdoor-Pool aus hat man einen direkten Blick auf den See – einfach malerisch.

Zum Aufenthalt:

Für das Villages Natures© Paris können neben Pauschalen auch Tagestickets erworben werden. Eine gebuchte Pauschale umfasst zwei Tage Parkeintritt (auch wenn der gebuchte Aufenthalt mehr Tage umfasst).

Die Villages Natures© Paris sind sowohl mit dem Auto (ca. 5 Minuten) als auch mit einem Pendelbus erreichbar (Fahrtdauer etwas länger als mit dem Auto; die Nutzung ist aufpreispflichtig).

Partnerhotels

Aufgrund der großen Nachfrage nach Übernachtungsmöglichkeiten sind in den vergangenen Jahren eine ganze Reihe an Partnerhotels bekannter Hotelketten in direkter Nachbarschaft des Resorts entstanden. Die folgenden Partnerhotels stehen zur Auswahl:

Radisson Blu Hotel Paris
4-Sterne Hotel

Das *Radisson Blu Hotel* befindet sich direkt neben dem resorteigenen Golfplatz und ist daher bei Golfspielern besonders beliebt. Im Winter überzeugt das Hotel durch einen gemütlichen Kamin in der hoteleigenen Bar.

Besondere Ausstattung:

- Direkte Lage am Golfplatz

- Innenpool

- Sport- und Wellnessbereich

- Außenspielplatz.

Vienna House Dream Castle Hotel
4-Sterne Hotel

Das *Vienna House Dream Castle Hotel* gibt sich alle Mühe, wie ein Schloss zu wirken. Besonders gelungen ist dies im Außenbereich mit der großzügigen Sonnenterrasse und dem parkähnlichen Garten.

Besondere Ausstattung:

- Innenpool

- Sport- und Wellnessbereich

- Karussell und Videospielzimmer (gegen Aufpreis)

- Innen- und Außenspielplatz.

Vienna House Magic Circus Hotel
4-Sterne Hotel

Das Hotel besticht durch warme Farbtöne in den frisch renovierten Zimmern und bunte Akzente mit geometrischen Formen in den öffentlichen Bereichen. An die frühere Zirkus-Thematisierung des Hotels erinnert hauptsächlich noch der Name.

Besondere Ausstattung:

- Innenpool

- Sport- und Wellnessbereich

- Karussell und Videospielzimmer (gegen Aufpreis)

- Innen- und Außenspielplatz.

Hotel L'Elysee Val d'Europe
4-Sterne Hotel

Mit dem Hotel *L'Elysee Val d'Europe* weht ein Hauch von Pariser Flair im *Val d'Europe*. Das Hotel ist sehr gut gelegen, wenn man neben einem Parkbesuch Wert auf Geschäfte, Cafés und Restaurants in der Nähe legt und das Outlet besuchen möchte. Außerdem gibt es dort einen nahegelegenen Bahnhof mit direkter Zugverbindung nach Paris.

Besondere Ausstattung:

Fahrgeschäft (gegen Aufpreis).

Adagio Marne-La-Vallée Val d'Europe
3-Sterne Hotel

Das Apartment-Hotel *Adagio Marne-La-Vallée Val d'Europe* ist ideal für Selbstversorger und bietet, je nach gebuchtem Apartment, bis zu sieben Personen Platz.

Besondere Ausstattung:

Innenpool.

Algonquin's Explorers Hotel
3-Sterne Hotel

Ein Paradies für Kinder und Familien findet man im *Algonquin's Explorers Hotel* – thematisch dreht sich hier alles um Piraten und wirkt dabei wie ein großer Abenteuerspielplatz. Die Zimmer sind kindgerecht eingerichtet und setzen das Piratenthema fort. Sie bieten Platz für bis zu sechs Personen.

Ein toller Indoor-Pool mit Wasserrutschen und integriertem Wasserspielbereich sowie großzügige In- und Outdoor-Spielplätze machen das Hotel zu einem echten Erlebnis.

Im Eingangsbereich steht ein beeindruckend großer Brunnen mit einem Drachen, der von Zeit zu Zeit sogar Geräusche von sich gibt.

Besondere Ausstattung:

- Innenpool mit Wasserrutschen und Wasserspielbereich

- Indoor-Dschungelspielplatz, Innen- und Außenspielplätze mit Piraten-Thematisierung

- XD-Kino und Videospielzimmer (gegen Aufpreis).

Campanile Val de France
3-Sterne Hotel

Das *Campanile Val de France* hat keine spezielle Thematisierung und reduziert sich dadurch auf das Wesentliche: Eine Übernachtungsmöglichkeit mit sehr gutem Preis-Leistungsverhältnis. Als Besonderheit bietet das *Campanile* einen Lehrbauernhof für ökologische Haltung. Dort werden Ziegen, Schafe, Esel, Alpakas und Pferde gehalten, die bei gutem Wetter vom Frühstücksraum aus beobachtet werden können. Entspannung bietet der nahegelegene See.

Besondere Ausstattung:

- Lehrbauernhof

- Games Arcade im Hauptgebäude und Frühstücksraum (gegen Aufpreis)

- Bar mit Burgern und Sushi im Angebot

- Disneyshop mit Liefermöglichkeit der in den Parks geshoppten Souvenirs.

Foto mit dem Hotel-Maskottchen

B&B Hotel
2-Sterne Hotel

Das neueste der Partnerhotels besticht durch ein sehr gutes Preis-Leistungsverhältnis und eine großzügige Architektur, die äußerlich an ein Kloster erinnern soll. Das *B&B-Hotel* bietet Standard- und Familienzimmer an.

Als besonderen Service gibt es eine Disneyland® Paris-Boutique in diesem Hotel. Außerdem gibt es ein Restaurant mit familientauglichem Essensangebot, eine darin integrierte Bar und wirklich gutes und reichliches Frühstück.

Hinweis: Alle Partner-Hotels verfügen über einen kostenlosen Shuttle-Service zu den Parks. Die Fahrtdauer beträgt ca. 10 Minuten.

Disney®-Hotel oder Partnerhotel?

Die Wahl des Hotels ist Geschmackssache. Partnerhotels bieten eine Reihe von Vorteilen, allen voran erweiterte Übernachtungskapazitäten für Gäste und teilweise günstige Angebote. Einige Gäste nutzen Partnerhotels, um bereits am Vorabend einer in einem Disney®-Hotel gebuchten Pauschale anzureisen. Auf diese Weise verliert man keine kostbare Zeit und kann ohne lange Anreise in das gebuchte Disney®-Hotel wechseln. Partnerhotels sind oft neutraler gehalten und liegen näher am Shopping-Traum in Marne-la-Vallée. Und last, but not least, sind Partnerhotels oft noch verfügbar, wenn die Disney®-Hotels bereits ausgebucht sind.

Welches Hotel den Urlaub zur schönsten Zeit des Jahres macht, hängt von vielen Faktoren ab und ist bekanntlich Geschmacksache. Für das perfekte Disney®-Feeling bieten sich nach Ansicht der Autorin in jedem Fall die Disney®-Hotels an, da die Partnerhotels keine Disney®-Magie versprühen. Doch auch die Partner-Hotels haben, wie erwähnt, einige Vorteile. Es gibt nur einige Punkte zu bedenken, die Partner-Hotels nicht bieten:

Die beiden Parks sind eher schwierig zu Fuß erreichbar (Dauer des Fuß-wegs ca. 30 Minuten). Daher sind die Gäste auf den Shuttle-Service bzw. selbst organisierten Transport angewiesen. Zu besucherstarken Jahres-zeiten und Stoßzeiten ist außerdem mit längeren Wartezeiten an den Shuttle-Bussen zu rechnen, da die Taktung der Shuttle-Busse größer ist als im Vergleich zum Shuttle-Service der Disney®-Hotels.

Auch können die Extra Magic Hours bei Übernachtung in den Partnerho-tels nicht in Anspruch genommen werden, außer man besitzt eine Infini-ty- oder einer Magic-Plus-Jahreskarte. Jahreskartenbesitzer sind zudem an kartenabhängige Blockout-Tage gebunden. (Ausnahme: Infinity-Jah-reskarte, die keine Blockout-Tage hat). Darüber hinaus gibt es keinen Besuch von Disneyfiguren im Hotel sowie keinen Babysitter-Service.
Und, der wichtigste Punkt: Lediglich Gäste der Disney®-Hotels erhalten Zugang zu den Parks entsprechend der gebuchten Übernachtungen. Bei Übernachtung in Partner-Hotels muss der Zugang zu den Parks separat reserviert oder über datierte Tickets abgesichert werden (siehe Abschnitt Ticketpreise und Zugangsvoraussetzungen).

Das schlaue Buch

(Disneyland® Paris) App

Die kostenlose *Disneyland® Paris App* ist eine wirklich gelungene App, die sowohl vor als auch während des Aufenthalts äußerst hilfreich ist. Dort sind Parkpläne, das Programm der Shows und Öffnungszeiten einsehbar. Außerdem können Eintrittskarten für die Parks und Tickets für Sonderveranstaltungen sowie Premier Access-Zugänge gekauft werden. Darüber hinaus benötigt man die App, um Standby-Pässe zu buchen. Ebenfalls möglich sind Restaurantreservierungen.

Die App bekommt man kostenlos in den gängigen App-Portalen. Es empfiehlt sich, die App mit einem Disney®-Kundenkonto zu verknüpfen.

Baby Switch Service

Damit beide Elternteile in den Genuss einer Fahrt kommen können gibt es über den *Baby Switch Service* die Möglichkeit, nacheinander zu fahren. Während ein Elternteil die Attraktion fährt, passt der andere auf das Baby auf. Danach wird gewechselt.

Besucher mit Behinderung

Um Gästen mit einer Schwerbehinderung einen möglichst unbeschwerten Parkbesuch zu ermöglichen, gibt es eine Reihe von Hilfestellungen:

Gäste mit anerkannter Beeinträchtigung und eine Begleitperson erhalten 25 % Rabatt auf die Eintrittskarten. Der Rabatt wird unter Vorlage des offizielle Schwerbehindertenausweis gewährt.
Zum Nachweis der Beeinträchtigung vor Ort wird eine grüne Karte (*Disabled Priority Card*) ausgegeben, die u.a. für den barrierefreien Zugang zu Attraktionen ohne lange Wartezeiten benötigt wird. Beachten Sie in diesem Fall unbedingt die gekennzeichneten Eingänge.
Für Gäste mit Sehbehinderung wird zudem eine Hilfe-App zur Verfügung gestellt (in Englisch und Französisch).
Auf der Website sowie an offiziellen Stellen in den Parks (beispielsweise in der City Hall) können sich Gäste über die Zugangsbedingungen zu den Attraktionen informieren.
Es empfiehlt sich, die Reise aufgrund der besonderen Bedürfnisse mit Unterstützung der Hotline von Disneyland® Paris zu planen.

Besucher mit temporärer Beeinträchtigung

Wer den Park mit einer (nicht dauerhaften) Beeinträchtigung besuchen möchte, kann sich eine Zugangserleichterungskarte (*Easy Access Card*) ausstellen lassen. Die Zugangserleichterungskarte erhält man durch die Vorlage eines ärztlichen Attests (am besten in Englisch oder Französisch, von einem Arzt beglaubigt).

Die Karten können vorab online beantragt werden. Dazu muss ein Fragebogen ausgefüllt werden, anhand dessen der Grad der Beeinträchtigung festgestellt wird. Vor Ort in der City Hall werden die personalisierten Nachweiskarten ausgegeben. Der anerkannte Grad der Beeinträchtigung wird durch farbig unterschiedliche Zugangskarten gekennzeichnet.

Je nach Beeinträchtigung kann der Zugang zu einzelnen Attraktionen ausgeschlossen werden, z.B. bei Schwangerschaft.

Bezahlen

Überall im Park kann mit Bargeld bezahlt werden, fast überall auch mit Kreditkarte. Da an kleinen Handwagen oft nur mit Bargeld gezahlt werden kann lohnt es sich, eine kleine Menge Bargeld mitzuführen.

Tipp: Die Höhe des Reisebudgets ist so individuell, dass eine Empfehlung selten passt. Die Autorin kalkuliert pro Person in der Regel 100 Euro am Tag für Verpflegung und Souvenirs.

Cast Member

Mitarbeitende in Disneyland Paris heißen Cast Member. Sie sind also nicht nur normale Beschäftigte, sondern Teil einer Gruppe, eines Casts.

Defibrillatoren

Defibrillatoren befinden sich an ausgewiesenen Plätzen im Park, oft in Nähe der Toiletten bzw. in den früheren Telefonbuchten. Daher kann es sich im Ernstfall lohnen, auch auf Telefonschilder zu achten.

Erste Hilfe

In beiden Parks sowie im Disney Village® befinden sich *Erste-Hilfe-Stationen*. Die Standorte sind im Parkplan gekennzeichnet. Im Notfall ist Hilfe schnell zur Stelle.
Bei Notfällen in Hotels kann mittels der entsprechenden Taste auf dem Zimmertelefon Hilfe geholt werden.

Extra Magic Hours (EMH)

Während der Extra Magic Hour (8.30 Uhr bis 9.30 Uhr) öffnen einzelne Länder und Fahrgeschäfte exklusiv für Gäste der Resort-Hotels sowie Gäste mit Infinity- oder Magic Plus-Jahreskarte. Welche Länder dies jeweils sind, erfahren Sie im Hotel — oder lassen sich im Park überraschen.

Fotografie in Attraktionen

Indoor-Attraktionen wie *Phantom Manor, Peter Pan* oder *Schneewittchen* leben davon, dass sie überwiegend dunkel sind. Blitzlicht oder Lichter von Handys stören daher enorm. Außerdem werden die Fotos leider selten so schön, als dass sie das entgangene Vergnügen aufwiegen würden. Genießen Sie lieber die Fahrt und lassen Sie den Zauber von Disney® auf sich wirken – andere Gäste danken es.
Wenn Sie nicht wissen, wie ihr Blitz auszuschalten geht, lassen Sie sich von Cast Membern helfen – oder die Kamera einfach in der Tasche.

Geburtstag feiern

Wer seinen Geburtstag in Disneyland® Paris feiern möchte, kann sich einen Geburtstagskuchen in ein Restaurant bestellen. Der Kuchen kostet 35 Euro und reicht für bis zu acht Personen. Bestellungen müssen rechtzeitig vorgenommen werden.
Kostenlos hingegen gibt es einen *I'm celebrating*-Button, den Geburtstagskinder an der Rezeption der Disney®-Hotels sowie in der City Hall und den Studio Services erhalten. In der City Hall kann man außerdem einen Anruf von Micky Maus entgegennehmen, der höchstpersönlich zum Geburtstag gratuliert – Happy Birthday!

Geldautomaten

Geldautomaten finden sich an diversen Stellen im Park. Es können Gebühren anfallen.

Gepäckaufbewahrung

Gepäckaufbewahrung (*Consigne / Guest Storage*) ist gegen Gebühr an den Eingängen von Disneyland® Park und Walt Disney Studios® Park möglich. Die Kosten betragen sechs Euro für ein kleines Gepäckstück, acht Euro für ein mittelgroßes Gepäckstück sowie zehn Euro für ein großes Gepäckstück.

Alternativ kann Gepäck auch in Schließfächern am Bahnhof aufbewahrt werden, jedoch ist die Aufbewahrung an den Parks aus Erfahrung praktischer, denn so kann man so den ganzen Tag schnell wieder an das Gepäck herankommen.

Schließfächer in den Parks selbst gibt es aus Sicherheitsgründen nicht mehr.

Haustiere

Haustiere sind im Park nicht gestattet. Lediglich Blindenführ- und Assistenzhunde sind erlaubt. Katzen und Hunde können jedoch kostenpflichtig in der Haustierpension (*Ménagerie*) untergebracht werden. Dort werden Tiere in Boxen untergebracht und auf Wunsch mit Futter und Wasser versorgt. Für Freilauf sind die Tierbesitzer aus rechtlichen Gründen selbst verantwortlich.

Die *Ménagerie* befindet sich in der Nähe des Gästeparkplatzes. Voraussetzung für die Unterbringung ist ein gültiger und von einem offiziellen Tierarzt ausgestellter Tollwut-Impfschein (mehr als einen Monat und weniger als ein Jahr alt, auf Französisch) sowie ein Mikrochip. Eine vorherige Anmeldung ist leider nicht möglich. Wenn die Plätze belegt sind, werden keine weiteren Tiere aufgenommen – kalkulieren Sie diese Möglichkeit ein.

Es ist Geschmackssache: Selbstverständlich sind Boxen nicht das Non-Plus-Ultra im Hinblick auf artgerechte Haltung, jedoch um Längen besser als die Unterbringung im Auto oder allein daheim.

Hidden Mickeys

Unter *Hidden Mickeys* versteht man die grafische Anordnung von drei Kreisen, die scheinbar zufällig angeordnet sind und erst beim näheren Hinschauen die Silhouette des Micky-Kopfes offenbaren.

Überall im Resort, von den Parks über das Disney Village® bis zu den Hotels, finden sich *Hidden Mickeys*, mit deren Suche man sich prima nebenbei beschäftigen kann.

Kinderwagen- und Rollstuhl(-verleih)

Selbstverständlich können eigene Kinderwagen- und Rollstühle sowie faltbare Bollerwagen mit in den Park genommen werden.

In beiden Parks können außerdem Kinderwagen und Rollstühle (*Fauteuils Pousettes / Roulants*) gegen eine Gebühr und Pfand geliehen werden.

Tipp: Es gibt überall im Park ausgewiesene Parkplätze für Kinderwagen – nutzen Sie diese. Cast Member sind dazu angewiesen, falsch geparkten Kinderwagen an die dafür vorgesehenen Parkplätze zu schieben. Es empfiehlt sich, Leihkinderwagen zu kennzeichnen, um Verwechslungen auszuschließen.

Kreditkarten

Anders als in Deutschland erfreut sich in Frankreich das Zahlen mit Kreditkarte großer Beliebtheit. Nicht nur zum Tanken oder Zahlen der Mautgebühren lohnt es daher, eine Kreditkarte mitzunehmen. Viele Kreditinstitute bieten mittlerweile Kreditkarten an, deren Jahresgebühr ab einem Mindestumsatz wieder gutgeschrieben wird und die oft sogar noch eine praktische Reiserücktrittsversicherung beinhalten.

Lebensmittelallergie

Für Besucher mit Lebensmittelallergie wird in Buffet- und À-la- carte-Restaurants ein Spezialmenü angeboten, das bis zu 16 Allergien abdeckt. Informieren Sie das Restaurant bei Bedarf im Voraus.
Alternativ helfen auch die Mitarbeiter der Restaurants bei der Speisenauswahl. Informationen für Lebensmittelallergiker findet man auch auf der offiziellen Website.

Luftballons

Ein besonders beliebtes Souvenir sind mit Helium gefüllte Luftballons, die zum Preis von 10 Euro überall in den beiden Parks verkauft werden. Die Luftballons halten circa drei Wochen.
Flugreisende sollten beachten, dass diese Luftballons leider *nicht* mit ins Flugzeug genommen werden dürfen.

Medikamente

Medikamente dürfen selbstverständlich in den Park mitgenommen werden. Medikamente, die gekühlt gelagert werden müssen, können entweder an den Erste-Hilfe-Stationen der Parks oder an der Rezeption der Disney®-Hotels abgegeben werden. Die Minibar ist zur Aufbewahrung nicht gedacht und auch nicht in jedem Hotel verfügbar.

Die Partnerhotels bieten diesen Service mit Ausnahme des *Vienna House Dream Castle Hotel* und des *Hôtel Élysée Val d'Europe* nicht offiziell an. In der *Wish Lounge* neben dem *Baby Care Center* im *Disneyland® Park* können Medikamente in aller Ruhe eingenommen werden. Sprechen Sie die Cast Member an.

Selfies mit Charakteren

In beiden Parks gibt es Plätze, an denen man wechselnde Charaktere von Disney®, Marvel und Disney•Pixar treffen kann. Dort stehen die Charaktere für Selfies zur Verfügung. Die Uhrzeiten und Treffpunkte stehen im Programm und können über die Disneyland® Paris-App eingesehen werden.

Notfall

Im Notfall wird auch in Frankreich die 112 gewählt. Nicht vergessen: Vom Handy aus muss die Vorwahl für Frankreich 0033 + Notrufnummer gewählt werden.

Parkplätze

Für Tagesgäste steht ein großer Parkplatz zur Verfügung. Die Preise sind abhängig vom Fahrzeug:

PKW: 30 Euro

Motorrad: 25 Euro

Wohnmobil: 45 Euro (inkl. Nutzung sanitärer Anlagen, ohne Anschlüsse).

Gäste der Davy Crocket Ranch nutzen diesen Parkplatz ebenfalls. Für sie ist die Benutzung kostenfrei.

Es lohnt sich, früh anzureisen. An besucherstarken Tagen füllt sich der Parkplatz schnell. Außerdem steht ein öffentliches Parkhaus am Disney Village® zur Verfügung. Die Tages-Höchstgebühr beträgt 24 Euro.

Tipp: Machen Sie ein Foto der Figur, in dessen Reihe Ihr Fahrzeug parkt. Ein Tag voller Eindrücke in den Parks macht das Erinnern am Abend schwer und kann zu Verwechslungen führen.

Fun Fact: Im Zuge der Nachhaltigkeit wurde der Parkplatz mit Sonnenkollektoren überdacht. Ihr Fahrzeug steht im Schatten und nebenbei kann Energie gewonnen werden.

Pin Trading

Pin Trading hat eine lange Tradition in den Disney®-Resorts, so auch in Disneyland® Paris. Pins mit den beliebten Disney®, Marvel- und Pixar-Figuren werden in vielen Shops sowie in der *Pueblo Trading Post* im Frontierland verkauft. Außerdem können Pins mit Cast Membern und anderen Fans getauscht werden, wenn diese ein entsprechendes, mit Pins bestücktes Umhängeband tragen.

Es gibt besonders begehrte Pins in limitierte Auflage, die Sammlerherzen höherschlagen lassen. Wenn limitierte Pins auf den Markt kommen, ist die ansonsten unscheinbare *Pueblo Trading Post* regelrecht umlagert.

Fun Fact: Hin und wieder gibt es organisierte Pin Trading-Events. Wenn diese Events an der Pueblo Trading Post stattfinden, bauen Sammler Tischen auf und es wird gefeilscht und getauscht. Aus Hygienegründen ist dies bis auf Weiteres nicht möglich.

PhotoPass und PhotoPass+

In einigen Attraktionen sowie bei Treffen mit Disney®-Figuren werden Fotos gemacht – diese Fotos können käuflich erworben werden. Gespeichert werden die Fotos auf dem inkludierten *Standard-PhotoPass.* Der Preis einzelner Fotos ist an den jeweiligen Attraktionen ausgewiesen.

Auf dem *PhotoPass+* hingegen können alle während eines Aufenthalts erworbenen Fotos gespeichert werden. Der *PhotoPass+* kostet 74,99 Euro (Stand September 2021) und kann an den Verkaufsstellen von Fotos und in einigen Geschäften erworben werden.

In beiden Fällen können die Fotos im Nachhinein online abgerufen werden. Zum Download ist eine Internetverbindung erforderlich; der Download via App erfolgt mit geringerer Datenqualität.

Ob Fotos einzeln gekauft werden oder ob sich der Erwerb eines *Photo-Pass+* lohnt, ist ein Rechenexempel.

Die günstigere Alternative ist es, Fotos bei Treffen mit Figuren mit eigenen Apparaten zu machen — entweder selbst oder durch anwesende Cast Member, die hierzu immer gerne bereit sind.

Powerbank-Leihstation / Ladestationen

An verschiedenen Stellen in den beiden Parks können Powerbanks geliehen werden – selbstverständlich gegen Gebühr: 2 Stunden kosten 4 Euro Leihgebühr, 10 Euro werden für den kompletten Tag fällig. Verleihstationen sind im Disneyland® Park auf der Main Street U.S.A.® u.a. beim Stroller and Wheelchair-Rentals sowie im Ein- und Ausgangsbereich des Studio 1 in Walt Disney® Studios Park. Außerdem können Handys in der Arcade Alpha stationär aufgeladen werden.
Tipp: Eigenes Kabel mitbringen, damit das Handy problemlos angeschlossen werden kann.

Disney Premier Access

Für schnelleren Zugang zu den beliebtesten Attraktionen können mit dem Disney Premier Access spezielle Tickets erworben werden. Diese Tickets kosten zwischen acht Euro und 15 Euro, je nach Attraktion und berechtigen zum einmaligen Zugang während des gebuchten Zeitfensters.
Der Premier Access ist für die Attraktionen

- Big Thunder Mountain

- Phantom Manor

- Peter Pan's Flight

- Ratatouille: The Adventure

- Buzz Lightyear Laser Blast

- Star Wars Hyperspace Mountain

- Star Tours: The Adventures Continue

- The Twilight Zone Tower of Terror™

- Autopia®

erhältlich. Pro Gast und Tag können maximal drei Zugangstickets je Attraktion erworben werden. Die Höchstzahl pro Attraktion und Zeitfenster liegt bei 12 Tickets. Die Tickets pro Zeitfenster sind grundsätzlich nur begrenzt verfügbar.

Buchung des *Premier Access*:

- Öffnen Sie die offizielle Disneyland® Paris App; legen Sie ein Disney®-Konto an oder loggen Sie sich in ein vorhandenes Konto ein

- Auswahl des gewünschten und verfügbaren Zeitfensters (erst mit Anwesenheit in den Parks möglich)

- Bezahlung; Hinweis: Die Kreditkarten müssen im Vorfeld beim Kreditinstitut für Online-Zahlung freigeschaltet worden sein

- Nach erfolgter Bezahlung kann die gewählte Attraktion während des ausgewählten Zeitfensters über einen speziellen Zugang betreten werden (unter Vorlage des QR-Codes im entsprechenden Menüpunkt der App)

- Gäste ohne Smartphone oder Disney®-Konto können Tickets in der City Hall oder in den Studio Services erwerben

- Kinder unter 3 Jahren benötigen keinen eigenen Pass, müssen jedoch von einem Erwachsenen mit gültigem Disney® Premier Access begleitet werden

- Verknüpfen Sie Ihr Ticket-, Pass- oder Hotel + Tickets-Paket mit Ihrem Konto, am besten vor Ihrem Besuch, um Zeit zu sparen!

Hinweis: Kurze Wartezeiten sind trotz Premier Acces-Zugang möglich.

Rauchen

Rauchen (und Dampfen) ist nur an ausgewiesenen Plätzen erlaubt. Diese Plätze sind gekennzeichnet und können über die offizielle Disneyland® Paris-App im Menüpunkt *Liste / Gästeservice* selektiert werden. Alternativ zeigen Ihnen Cast Member gerne die Raucherbereiche.

Restaurants

Im Resort gibt es eine Vielzahl an Restaurants. In Buffet- und À-la-carte-Restaurants empfiehlt sich eine Reservierung. Anderenfalls kann es passieren, dass Sie keinen Tisch bekommen oder lange Wartezeiten einkalkulieren müssen.

Reservierungen können ab 60 Tage (2 Monate) vorher über die offizielle App oder telefonisch (auf Englisch oder Französisch) unter (+33) 160 30 40 50 vorgenommen werden.

Vor Ort können Reservierungen für die entsprechenden Restaurants beim Concierge-Service in den Hotels, in der City Hall oder in den À-la-carte-Restaurants auch für alle Restaurants vorgenommen werden (nach Verfügbarkeit).

Trotz Reservierung gilt vor Ort entsprechend des amerikanischen Standards: *Please wait to be seated,* übersetzt: *Bitte warten Sie, bis man Ihnen einen Tisch zuweist.*

Schwanger unterwegs in Disneyland® Paris

Einzelne Attraktionen sind für Schwangere nicht nutzbar. Sie sind im Parkplan und an der jeweiligen Attraktion entsprechend gekennzeichnet. Immerhin gibt es die Möglichkeit, sich eine *Easy Access Card* ausstellen zu lassen, um Wartezeiten an den übrigen Attraktionen zu reduzieren – siehe Tipps für *Besucher mit temporärer Beeinträchtigung.*

Selfie-Sticks

Selfie-Sticks sind in beiden Parks aus Sicherheitsgründen verboten.

Single Rider

An einigen Attraktionen gibt es das Angebot, leere Einzelplätze als Single Rider (Einzelfahrer) aufzufüllen. Hierzu gibt es eine entsprechend gekennzeichnete Warteschlange, über die man Zeit beim Anstellen spart. Das Angebot gibt es aktuell nur an den Attraktionen *HyperSpace Mountain: Mission Rebel, Ratatouille, Toy Soldiers Parachute Drop* oder *Crush's Coaster*.

Hinweis: Single Rider können *nicht* zusammen mit ihrer Begleitung fahren. Auch Betteln am Einstieg hilft nichts. Es gibt ein Mindestalter, ab dem Kinder überhaupt alleine fahren dürfen. Aus Hygienegründen kann das System temporär ausgesetzt sein.

Souvenirs und Shopping

Für Shoppingfans sind die beiden Parks und das Disney Village® ein echtes El Dorado. In über 60 Shops werden alle möglichen Souvenirs angeboten: Kleider, Tassen, Schmuck, Kunstgegenstände und allerhand Nippes lassen Fan- und Liebhaberherzen höher schlagen. Auch wenn es ein umfangreiches Grundsortiment an Souvenirs gibt, werden spezielle Sortimentsbestandteile themenbezogen nur in einzelnen Shops angeboten.

Nahezu jede Attraktion hat einen angeschlossenen Shop. Auch die Hotels beherbergen eigene Boutiquen mit speziellen, thematisch zum Hotel passenden Souvenirs, die es sonst kaum oder gar nicht in den Parks zu kaufen gibt. Es kann auch passieren, dass Souvenirs über den Tag hinweg abverkauft werden und nicht mehr verfügbar sind – wenn man etwas unbedingt kaufen möchte, sollte man daher nicht lange zögern.

Shopping-Service (kostenlos)

Für alle, die ihre Souvenirs nicht den ganzen Tag mit sich herumtragen möchten, bietet Disney® einen kostenlosen Shopping-Service an. So können alle vor 15 Uhr gekauften Waren in Disney®-Hotels bzw. einige Partnerhotels geliefert werden. Ins Hotel gelieferte Waren können nach 20 Uhr in der Hotelboutique abgeholt werden.
Alternativ können die Einkäufe auch direkt im Shop bis zur Schließung des Shops aufbewahrt werden.

Souvenirs im Online-Shop

Wer nach seiner Rückkehr merkt, dass das eine oder andere Shopping-accessoire noch fehlt, kann Souvenirs über den Disneystore bestellen. Dort gibt es allerdings selten exakt die im Park erhältlichen Souvenirs, dafür aber schöne Alternativen. https://www.shopdisney.de/

Souvenir-Münzen

An vielen Stellen gibt es Münzautomaten, in denen Münzen zu Souvenirs gepresst werden können. Entsprechende Automaten stehen z.B. in den beiden Arcaden im Disneyland® Park, im Durchgang unter dem Bahnhof Main Street Station sowie in den Walt Disney Studios® Park und im Disney Village®.

Sprache

Die offizielle Parksprache ist Französisch. Man muss der französischen Sprache jedoch nicht mächtig sein, um einen Urlaub in Disneyland® Paris erfolgreich und entspannt zu meistern. Einige Cast Member sprechen Deutsch, in jedem Fall aber Englisch. Die Sprachen, die von den Cast Membern gesprochen werden, erkennt man an den Länderflaggen am Revers. Tragen Cast Member keine Länderflagge am Revers, können Sie davon ausgehen, dass sie überwiegend Französisch sprechen.

Standby Pass

An besucherstarken Tagen kann es vorkommen, dass der Zugang zu besonders stark frequentierten Attraktionen nur über einen sogenannten *Standby Pass*, ein zusätzliches, kostenloses und virtuelles Ticket möglich ist. In diesem Fall wird ein Hinweis in der offiziellen Disneyland® Paris App bzw. an der jeweiligen Attraktion angezeigt. Durch dieses System sollen Wartezeiten minimiert und der Sicherheitsabstand gewährleistet werden.

Die Standby Pässe können ausschließlich über die offiziellen App gebucht werden und sind um 11 Uhr, 13 Uhr und 15 Uhr verfügbar. Voraussetzung ist außerdem ein Disney®-Konto, das am besten bereits vor dem Besuch angelegt und mit der App verknüpft wird.

Der Service steht ab fünf Minuten nach Ankunft in den Parks zur Verfügung, falls er aktiviert ist. Je nach Verfügbarkeit wird mit der Buchung ein Zeitfenster zugewiesen. Innerhalb dieses Zeitfensters ist der Zugang zur Warteschlange der Attraktion möglich (durch Vorzeigen des QR-Codes des Standby-Passes).

Achtung, Smartphone-Akku im Auge behalten, damit das Smartphone zum Vorzeigen des Codes noch genug Energie hat.

Hinweise: Die Standby Pässe sind nur begrenzt verfügbar. Weitere Standby-Pässe können erst mit Beginn des aktiven Zeitfensters gebucht werden.

Wenn kein Standby-Pass-System aktiviert ist, können sich Gäste selbstverständlich einfach anstellen. Dies ist auch bei Parköffnung und zur Schließung möglich.

Tanken

Tanken funktioniert in Frankreich grundsätzlich genau wie in Deutschland. Es ist jedoch ratsam, eine EC- oder Kreditkarte zum Bezahlen parat zu haben, da man vereinzelt nur direkt an den Säulen bezahlen kann. Dies kann an Selbstbedienungstankstellen und außerhalb der Öffnungszeiten der Fall sein. Außerdem ist zu beobachten, dass die Preise steigen, je näher man Paris kommt.

Tipp: Hinter *sans plomb* verbirgt sich Benzin, hinter *Gazole* Diesel. *GPL* steht für Autogas.

Toiletten

Überall in beiden Parks und im Disney Village® stehen kostenlose Toiletten zur Verfügung. In einigen Toilettenanlagen gibt es sogar spezielle Kindertoiletten. Wo sich die Toiletten befinden, ist außen an den Einrichtungen gekennzeichnet. Außerdem können sie über die offizielle Disneyland® Paris-App im Menüpunkt *Liste / Gästeservice* gesucht werden.

Tour hinter den Kulissen

In beiden Parks sowie in der Attraktion *The Twilight Zone Tower of Terror*™ sind geführte VIP-Touren hinter den Kulissen gegen Aufpreis möglich. Die Touren werden nach Möglichkeit in der Sprache der Gäste durchgeführt. Buchbar sind die Touren in der City Hall bzw. in den Studio Services.

Vegetarische / Vegane Ernährung

Gäste mit vegetarischen oder veganen Ernährungsgewohnheiten stehen in Disneyland® Paris vor einer Herausforderung: Nicht überall wird ein vegetarisches, seltener noch ein veganes Essen angeboten. Immerhin gibt es fast überall Salat und das vegetarische Angebot steigt kontinuierlich. Am einfachsten finden sich vegetarische Optionen in Buffetrestaurants, vegane Optionen gibt es nicht selten an Imbisswagen.

Verkleidung

Da Gäste ab 14 Jahren in den Parks keine Disney®-Kostüme tragen dürfen (außer zur Halloween-Party), wurde von Fans das so genannte *Bounding* entwickelt. Beim *Bounding* trägt man Kleidung mit Farbkombinationen, gerne auch kombiniert mit speziellen Accessoires, die der Kleidung des nachgeahmten Disney®-Charakters entsprechen.

Bei Donald Duck wäre das beispielsweise blau/weiß/gelb, bei Winnie Pooh rot/gelb. Zunehmend beliebt werden in den letzten Jahren auch Boundings zu Marvel-Charakteren. Der Fantasie sind keine Grenzen gesetzt.

Wetter

In Frankreich ist, wie im Großteil Europas, mit allen Wetterlagen zu rechnen. Das Wetter kann mehrfach am Tag wechseln und Regenschauer sind keine Seltenheit. Es gibt einige gute Tipps, die man grundsätzlich beachten sollte und mit denen man trotz Regen gut durch den Tag kommt:

- Tragen Sie Zwiebel-Look. Morgens und abends kann es, auch im Sommer, kühl sein. Nehmen Sie eigene Regenkleidung mit. Wer keine Regenkleidung dabei hat, kann Ponchos und Regenschirme erwerben. Ponchos kosten jedoch 11 Euro (9 Euro für Kinder).

- Steuern Sie bei Regen Shows und Indoor-Fahrgeschäfte an. Alternativ: Outdoor-Fahrgeschäfte leeren sich bei Regen. Es lohnt sich, dies zu nutzen, wenn man passende Kleidung trägt

- Nutzen Sie die Arcaden auf der *Main Street U.S.A.*® zum Unterstellen und trockenen Fortbewegung

- Nutzen Sie die Regenpause für einen kleinen Snack oder eine Getränkepause in den Counter-Restaurants

- Besuchen Sie die zahlreichen Shops – aber Achtung, Sie geben Ihr Geld möglicherweise schneller aus, als Ihnen lieb ist.

Tipp: Es ist problemlos möglich, trockenen Fußes vom Bazar zum Frontierland (und zurück) zu gelangen: Der Eingang befindet sich zwischen dem Laden *Girafe Curieuse* und der *Passage Enchanté d'Aladdin.* Der Ausgang befindet sich im Shop *Tobias Norton & Sons (Bonanza Outfitters / Thunder Mesa Mercantile)* direkt im *Fort Comstock.*

Geld sparen:
„Den Geldspeicher schonen.“

Es gibt sicher kostengünstigere Urlaube als einen Aufenthalt in Disneyland® Paris, jedoch bekommt man wirklich viel geboten. Immerhin gibt es einige Möglichkeiten, Geld zu sparen. Onkel Dagobert ist hierbei immer ein Vorbild.

Anreise

- Möglichst früh buchen und Sonderangebote nutzen – Bahn und Flugzeug bieten oftmals günstige Angebote; je früher man bucht, desto günstiger die Angebote

- Fliegen statt Fahren - bei einer bis zwei Personen kann das Flugzeug die günstigere Variante im Vergleich zum Auto sein

- Den Flug separat anstatt im Rahmen eines Anreisepakets buchen (Preisvergleich über die Websites der Airlines kann sich lohnen)

- Mit dem TGV anstatt dem Magic-Shuttle vom Flughafen zum Resort fahren.

Eintrittskarten

Über die Website www.disneylandparis.de gibt es eine Vielzahl an Ticketoptionen. Der Eintrittspreis hängt stark vom Datum des Aufenthalts ab. Als Faustregel gilt, dass Tickets in der Nebensaison deutlich günstiger sind als zur Hauptsaison, sprich außerhalb von Ferienzeiten und nicht rund um Feiertage. Daher sollte man direkt bei der Planung einen Blick in den Kalender werfen und vorausschauend planen (und zusätzlich auf französische Feiertage und Ferien achten).
Außerdem sind die Tickets für einen Park deutlich günstiger als Tickets für beide Parks, was nicht nur Geld spart, sondern den Tag weniger stressig gestaltet.

Günstige Tickets bietet auch https://www.attractionticketsdirect.de/ (mit Vorlaufzeit)

Wer mehr als einen Aufenthalt in einem Jahr plant sollte über den Kauf von Jahreskarten nachdenken – ein Preisvergleich lohnt. Siehe auch den Abschnitt *Eintrittspreise und Jahreskarten*.

Souvenirs

- *Magical Offer*-Angebote in den Stores shoppen: Ab einem gewissen Mindesteinkaufswert gibt es einzelne Produkte zu einem deutlich günstigeren Preis, die in anderen Shops zum vollen Preis angeboten werden

- Reduziertes Merchandise kaufen – der Sortimentswechsel macht es möglich

- Den französischen Schlussverkauf nutzen – immer ab dem zweiten Mittwoch im Januar und Mitte Juni

- Regenponchos von daheim mitbringen – im Park sind sie wirklich teuer und halten selten lange.

Übernachtung

- Möglichst früh buchen, Sonderangebote abwarten

- Günstige Hotels buchen: Da man sich hauptsächlich zum Schlafen im Hotel aufhält, ist es ausreichend, in den beiden günstigeren Hotels *Santa Fe* oder *Hotel Cheyenne* zu übernachten

- Urlaub auf der Ranch: Für Gruppen / Familien ab fünf Personen ist *Disney´s Davy Crocket Ranch* eine der günstigsten Lösungen, wenn man in einem Disney®-Hotel übernachten möchte

- Partner-Hotels buchen: Diese sind über die einschlägigen Online-Buchungsportale wie www.booking.com buchbar

- Mit dem Wohnmobil fahren (wenn man eines besitzt): Für 45 Euro pro Nacht kann man damit auf dem Parkplatz des Resorts parken. Sanitäre Anlagen sind vorhanden, allerdings gibt es keinerlei Anschlussmöglichkeiten

- Zelten - beispielsweise auf dem Campingplatz Camping *Le Soleil de Crécy* und auf dem Campingplatz *Camping International de Jablines* möglich (unverbindliche Empfehlungen)

Auf Übernachtung gänzlich verzichten: Durch einen Ein-Tages-Trip können Kosten für Übernachtung gänzlich gespart werden. Ab Frankfurt beispielsweise ist es möglich, Disneyland® Resort Paris mit dem Zug in einem Tag zu erleben. Im Park selbst stehen dann circa. fünf Stunden zur Verfügung.

Verpflegung

- Am günstigsten isst man bei McDonald's im Disney Village®

- Verpflegen Sie sich (teilweise) selbst. Picknicken ist an ausgewiesenen Stellen erlaubt und überall im Park finden sich Trinkwasserspender für den kleinen Durst (allerdings sind diese mit Chlor versetzt). In den Wintermonaten und bei besonderen Hygieneanforderungen sind die Wasserspender außer Betrieb

- Selbstversorger: *Disney's Davy Crocket Ranch* sowie das *Villages Nature® Paris* bieten Kochgelegenheiten für Selbstversorger: Hier stehen Koch- und Grillmöglichkeiten sowie ein Kühlschrank zur Verfügung

- Halbpension buchen: Disney® bietet regelmäßig Angebote an, die Halbpension beinhalten. Das kostenpflichtige Hinzubuchen der Halbpension lohnt sich allerdings nicht, außer es ist Ihnen wichtig, das Budget fest im Überblick zu behalten

- Happy Hours der Restaurants und Bars im Disney Village® nutzen.

Zeitraum

Als Faustregel gilt: Außerhalb der Ferien und in der absoluten Nebensaison, z.B. Februar, März und November, reisen. Im Sommer, zu Halloween und in der Weihnachtszeit ist ein Parkbesuch besonders teuer.
Leider gehören Ferienzeiten und Feiertage auch in Disneyland® Paris zu
den teuersten Reisezeiten. Außerdem sollte man Besuche an Brücken-
tagen, Samstagen sowie rund um den französischen Nationalfeiertag
(14. Juli) vermeiden. Hier platzt der Park sowieso aus allen Nähten.

Daniel Düsentriebs Zeitumkehrer

Allgemein

- Gehen Sie antizyklisch frühstücken (entweder vor 8 Uhr oder wieder ab 9.30 Uhr)

- Nutzen Sie die *Extra Magic Hours (EMH)* (nur für Gäste der Disney®-Hotels bzw. mit einer Infinity- oder Magic Plus-Jahreskarte)

An Attraktionen

- Gehen Sie zur Parköffnung und während der Extra Magic Hours (EMH) direkt zuerst zu Ihren Lieblingsattraktionen (wenn die Attraktion während der EMH bereits geöffnet hat; Infos hierzu gibt es im Hotel)

- Stellen Sie sich ca. 20 Minuten vor Öffnung des jeweiligen Themenlandes vor einem der Eingänge an

- Gehen Sie entweder direkt nach Parköffnung zu den beliebtesten Attraktionen, ansonsten erst wieder am späten Nachmittag, wenn die Tagestouristen bereits auf dem Heimweg sind

Immer auf dem Weg zur nächsten Attraktion

- Nutzen Sie die Showzeiten zum Besuch von Attraktionen: vor der großen Parade am Nachmittag und abends während der Show am Schloss sind die Wartezeiten deutlich geringer, da sich viele Gäste schon lange vor der Parade / Show einen guten Platz suchen

- Besuchen Sie Outdoor-Attraktionen im Regen: Bei Regen leeren sich die Outdoor-Aktivitäten ziemlich schnell und die Indoor-Attraktionen füllen sich entsprechend; mit der richtigen Kleidung ist es jedoch kein Problem, Outdoor-Attraktionen auch bei Regen zu nutzen – und das bei geringeren Wartezeiten

- Gönnen Sie sich einen Premier Access Pass (siehe Das schlaue Buch)

- Fahren Sie als Single-Rider (siehe *Das schlaue Buch*)

- Planen Sie den Besuch der Attraktionen mit der Disneyland-App, auf der sie aktuelle Wartezeiten abrufen können (Download kostenlos; Internetverbindung notwendig). Dort können Sie sich auch über geschlossene Attraktionen informieren; Wartezeiten und Schließungen können Sie ebenfalls den Tafeln an der *Central Plaza* bzw. vor dem *Tower of Terror* entnehmen

- Nutzen Sie die Toiletten links neben der City Hall oder nach dem Ausgang des Disneyland® Park – diese sind nicht gut ausgeschildert und daher oftmals ohne lange Warteschlange nutzbar

- Zu guter Letzt: Beachten Sie die Wartezeiten direkt an den Attraktionen. Die dort angegebenen Wartezeiten passen in der Regel sehr gut, außer es kommt zu technischen Problemen oder größere Gruppen drängeln sich vor.

Ansturm während einer Parade auf der Main Street U.S.A.

Paraden, Shows und Events in den Parks

In beiden Parks gibt es neben den rund 60 Attraktionen ein buntes Angebot an Paraden, Shows und Events. Die Paraden und Shows sind im Eintrittspreis enthalten. Der Besuch von (Musik-)Events und anderen Sonderveranstaltungen erfordert in der Regel ein kostenpflichtiges Zusatzticket.

Paraden und Shows:

In den Parks finden wunderschöne, liebevoll und hochwertig umgesetzte Paraden und Shows statt – teilweise saisonal, teilweise ganzjährig. Aktuelle Shows und Paraden sowie die jeweiligen Zeiten können der offiziellen App entnommen werden.

Disney® Stars on Parade:

Besonders schön ist die tägliche, große Parade am Nachmittag. *Stars on Parade* präsentiert die Paradewagen, die zum Jubiläum 2017 komplett neu konzipiert wurden und seitdem die Gäste erfreuen. Ein Highlight jagt das nächste in dieser Show, in der beliebte Disneyfilme auf Paradewagen gefeiert werden. Insbesondere der feuerspuckende Drache aus *Maleficent* bringt Gäste zum Staunen. Insgesamt bahnen sich bis zu neun Paradewagen ihren Weg entlang der Paradestrecke. Die Wagen werden von farbenfrohen Fußgruppen begleitet, die ausgelassen tanzen und Kunststücke vorführen. Kleine Besucher werden nach Möglichkeit einbezogen.

Die Parade beginnt im Fantasyland® und endet am Ende der Main Street U.S.A.® auf dem Town Square. Die genaue Route der Parade kann man dem offiziellen Parkplan entnehmen.

Die Show Stars on Parade wird noch bis zum 30. Geburtstag durch den Park rollen. Dann wird sie von einer neuen, bestimmt ebenso beeindruckenden Parade abgelöst.

Disney® Illuminations:

Ein Highlight eines jeden Aufenthalts ist die abendliche Show Disney® Illuminations zur Parkschließung, die an das Schloss projiziert und von Wasserspielen und Feuerwerk begleitet wird. Micky fungiert als Gastgeber und zündet ein musikalisches Feuerwerk nach dem anderen, wenn er Film-Sequenzen aus aktuellen Filmen und Klassikern präsentiert. Wasserspiele und Feuerwerk runden das Spektakel ab.

Tipps: Für einen guten Platz empfiehlt es sich, sowohl für die Parade als auch für die abendliche Show mindestens eine Stunde vorher nach einem passenden Platz zu suchen und diesen entsprechend zu besetzen. Die Fußgruppen der Parade(n) sind nur aus den vorderen Reihen gut zu sehen.

Hinweis: Ausfälle oder Änderungen bei schlechten Witterungsverhältnissen sind möglich. Außerdem kann es sein, dass Shows und Paraden im Zuge besonderer Hygienemaßnahmen nicht oder nur spontan stattfinden können.

Fun Fact: Von der Idee bis zur Fertigstellung eines Paradewagens vergehen in der Regel 18 Monate. Zusätzlich zu Musik und Tanz wird während der Paraden mit Geruchsstoffen gearbeitet, um eine besondere Stimmung zu zaubern.

Events:

Electroland in Disneyland® Paris:

Fans von (elektronischer) Musik kommen bei Electroland, einer großen Musikparty, voll auf ihre Kosten. Namhafte DJs legen auf und verwandeln den Walt Disney® Studios Park in eine große Party. Zusätzlich sind die Fahrgeschäfte geöffnet, so dass Gästen ein wirklich abwechslungsreiches Programm geboten wird.

Für Electroland benötigt man ein kostenpflichtiges Zusatz-Ticket.

Magical Pride in Disneyland® Paris:

Auch bei Disney® wird Vielfalt großgeschrieben: Eine bunte Parade zu Ehren der LGBT+ Community macht den Walt Disney Studios® Park noch bunter. Bis in die Nacht hinein ist der Themenpark geöffnet und lädt, unterstützt von Special Guests, zum Tanzen und Feiern ein. Für das Magical Pride-Event benötigt man ein kostenpflichtiges Zusatz-Ticket.

Le Rendez-vous Gourmand:

Von Juli bis Oktober können sich Gäste im Walt Disney Studios® Park durch Spezialitäten europäischer Küche probieren. In kleinen Holzhütten werden Speisen und landestypische Getränke verkauft, die Lust auf den nächsten Urlaub machen oder Erinnerungen wecken – oder beides.

Disneyland® Paris Run Weekend:

Am letzten September-Wochenende wird es sportlich: Über verschiedene Distanzen und in unterschiedlichen Challenges können sich Läuferinnen und Läufer am *Run Disney®-Wochenende* beweisen. Vom (familienfreundlichen) 5-Kilometer-Lauf bis zum Halbmarathon und verschiedenen Challenges ist für jedes Leistungsniveau etwas dabei. Nebenbei bekommt man einen Blick hinter die Kulissen und kann die Parks von einer anderen Seite kennenlernen (Startplätze sind begrenzt und kostenpflichtig).

Fun Facts: Die erste Ausgabe des Run-Weekends fand 2016 in Paris statt und wurde seitdem jährlich wiederholt (mit Ausnahme pandemiebedingter Absagen). In anderen Disney®-Resorts gibt es diese Art von Sport-Events schon länger.

Disney's Halloween Festival:

Den ganzen Oktober hindurch wird im Disneyland® Park Halloween gefeiert. Mit Shows, Paraden, Partys und spezieller Herbst- und Halloween-Deko entlang der Main Street U.S.A.® und im Frontierland ist dies neben Weihnachten die bunteste Jahreszeit. Für die Abendveranstaltung (die große Halloween-Party ist natürlich immer am 31.10.) benötigt man zusätzliches, kostenpflichtiges Ticket.

Tipp: Die Halloween-Saison endet offiziell am 31.10., jedoch ist die Deko bis in die erste November-Woche hinein zu bestaunen.

Weihnachten:

Weihnachten ist eine besonders festliche Zeit in Disneyland® Paris. Gefeiert wird von Mitte November bis Anfang Januar mit speziellen Shows und Paraden, die nur zur Weihnachtszeit aufgeführt werden, mit festlicher Deko in vielen Teilen der Parks und einem ganz besonderen Zauber. Jeden Abend wird der Weihnachtsbaum auf der Main Street U.S.A.® im Disneyland® Park in einer festlichen Zeremonie illuminiert – einfach magisch.
Die brandneue Weihnachtsparade *Mickey's Dazling Christmas Parade* versetzt kleine und große Gäste ins Staunen. In fünf festlich dekorierten und beleuchteten Paradewagen rollen Micky und seine Freunde über die Paradestrecke. Begleitet werden sie von Tinkerbell und festlich gekleideten Disney-Prinzessinnen. Stargast ist der Weihnachtsmann höchstpersönlich.
Lichtprojektionen an den Fassaden entlang der Paradestrecken runden das festliche Weihnachtsspektakel ab.

Silvester:

Selbstverständlich wird in Disneyland Paris das alte Jahr standesgemäß verabschiedet und das neue Jahr mit einer großartigen Show und Feuerwerk begrüßt. Für die Silvesterparty (31.12) benötigt man ein zusätzliches, kostenpflichtiges Ticket.

Besondere Anlässe und Feiertage

In Disneyland® Paris kommen viele Nationen und dadurch auch verschiedene Feiertage und Bräuche zusammen – Grund genug, besondere Anlässe und Feiertage entsprechend zu würdigen oder sogar zu feiern:

- Valentinstag (14. Februar): Disney®-Filme mit ihrem immerwährenden *Happily ever after* wären nicht Disney®, wenn der Valentinstag nicht entsprechend gefeiert werden würde

- Wales-Day (Anfang März): Feiertag des Landes Wales

- Weltfrauentag 8. März – besondere Events und kleine Geschenke für Frauen

- Saint Patrick's Day (17. März): Mit vielen liebevoll gestalteten Events zollt Disney® der irischen Tradition Tribut: Es gibt spezielle Shows in den Parks und als Highlight zum Abend erstrahlt das Schloss in Grün – ein grünes „irisches Feuerwerk" inklusive

- Star Wars™-Tag: 4. Mai – May 4th (the force) be with you

- Muttertag (Mai)

- Fête Nationale (französischer Nationalfeiertag, 14. Juli): An diesem Tag ist in ganz Frankreich Ausnahmezustand – so auch in Paris und in Disneyland® Paris.

Paris und Umgebung

Auch wenn der Besuch primär den Disneyland® Parks gilt, lohnt sich auch ein Besuch außerhalb gelegener Sehenswürdigkeiten.

Städtetrip Paris

Ein Aufenthalt in Disneyland® Paris lässt sich wunderbar mit einem Besuch in Paris, der *Stadt der Liebe,* verbinden.

Paris liegt nur knapp 32 Kilometer entfernt und ist in unter einer Stunde mit öffentlichen Verkehrsmitteln (Metro & RER) direkt vom Bahnhof neben Disneyland Paris aus erreichbar. Infos zu Preisen und Abfahrtszeiten erhält man unter https://www.ratp.fr/en/ (Seite auf Englisch).

Disney® bietet außerdem organisierte Tagesausflüge an, die man bereits mit der Buchung des Aufenthalts, auf jeden Fall aber im Voraus, buchen kann. Zur Auswahl stehen verschiedene Angebote mit unterschiedlichstem Leistungsinhalten und Ausflugsdauer, beispielsweise ein *Tagesausflug nach Paris mit Bootstour* oder *Highlights von Paris.*

Natürlich kann man auch mit dem eigenen Fahrzeug in die Pariser Innenstadt fahren, muss dann allerdings tief für Parkgebühren in die Tasche greifen. Empfehlenswert ist der Anbieter Indigo (Vinci Park). Auf dessen Website kann man eine Übersicht der Parkhäuser im Zentrum von Paris finden. Leider ist die Website nur auf Französisch. Unter „Trouver un parking" kann man die gewünschte Zieladresse oder eine Sehenswürdigkeit eingeben und erhält die Adresse der nahegelegenen Parkhäuser.

Außerdem ist eine *Crit'Air Vignette* (Umweltplakette) für das Fahrzeug notwendig. Nähere Infos gibt es unter https://www.certificat-air.gouv.fr/de/

Tipps: Neben Disney Village® befindet sich ebenfalls ein Parkhaus von Indigo, in dem die Tageshöchstpauschale 24 Euro kostet. Auto abstellen und dann mit den öffentlichen Verkehrsmitteln nach Paris reinfahren kann eine echte Alternative sein.

Wer die berühmte *Mona Lisa* im *Louvre* ohne Schlange und viele Menschen anschauen möchte, nutzt am besten die direkten Tage vor Weihnachten. Die beiden Parks und die Geschäfte in Paris sind voll, die Sehenswürdigkeiten jedoch eher leer.

Shopping in Marne-la-Vallée

In der Shoppingmall *La Vallée Village Chic Outlet Shopping*® und dem *Centre Commercial Val d'Europe* kommen Shoppingfans voll auf ihre Kosten: Rund 190 Shops und 30 Restaurants bieten alles, was das Shopping-Herz begehrt. Hinter dem *Centre Commercial Val d'Europe* verbirgt sich eine große Indoor-Shoppingmall, in der sich u. a. ein Supermarkt sowie ein riesiger Primark befinden. Das *La Vallée Village Chic Outlet Shopping*® ist eine Outdoor-Mall, in der Designer-Kleidung zu reduzierten Preisen angeboten wird.

SEA Life Aquarium

Im *Sea Life Aquarium* finden sich Aquarien mit heimischen und tropischen Fischen, begehbare Haitunnel, ein Touchpool und das *Antarctic Adventure* mit Esels- und Kaiserpinguinen.

Golf Disneyland®

Fans des gehobenen Ballsports werden in *Golf Disneyland*® fündig: Der 27-Loch-Golfparcours mit dem angeschlossenem Clubhaus bietet alles, was das Spielerherz begehrt. Im Clubhaus werden leckere Sandwichs, Salate und Hauptgerichte für den gehobenen Anspruch serviert.

Der Golfparcours ist an sieben Tagen in der Woche geöffnet; Ausrüstung kann vor Ort geliehen werden. Die Anlage selbst liegt in Magny-le-Hongre.

Do's and Don'ts

Do's	Don'ts
Den Deckel der Cola-Box am Imbiss *Cool Post* öffnen – weil es so schön zischt	Zu wenig trinken
Ein paar Maus-Ohren kaufen – gehört zu einem Aufenthalt einfach dazu	Mit dem Souvenirkauf bis zum letzten Tag warten
Mit Cast Membern ins Gespräch kommen – insbesondere langjährige Cast Member haben viel zu erzählen und freuen sich über nette Gespräche	Auf Grünflächen stehen oder laufen – außer Sie sind VIP und auf Einladung im Park
Restaurants im Voraus reservieren	Beim Anstehen vordrängen
Abends durch die einzelnen Themenländer schlendern und die besondere Lichtstimmung genießen. Besonders in den Abendstunden sind die Attraktionen wunderschön beleuchtet	In Dark Ride-Attraktionen und Shows mit Blitz fotografieren – alle anderen Anwesenden danken es, wenn kein Blitz verwendet wird
Fotos vor dem Disneyland® Hotel und dem Schloss machen	Selfie-Sticks verwenden

Im Außenbereich des Market House Deli finden sich viele tolle Foto-Spots

Disney® zum Nachlesen und Nachschauen

- *Alice im Wunderland* von Lewis Carrol und in der Realverfilmung von Tim Burton (2010)

- *Mary Poppins* als Roman von P.L. Travers und der Film *Saving Mr. Banks* (2013) von John Lee Hancock Jr.: Wer sich mit dem Schaffen und Werk von Walt Disney näher beschäftigen möchte, dem sei der Film *Saving Mr. Banks* empfohlen. Hier wird die Entstehungsgeschichte eines Disney®-Films am Beispiel von Mary Poppins eindrucksvoll nachgezeichnet. Ganz nebenbei erfährt man Interessantes über Walt Disney und die Autorin von Mary Poppins, P.L. Travers

- *Peter Pan* als Roman von J.M. Barrie und der Film *Wenn Träume fliegen lernen* von Marc Forster (2004) über die Entstehungsgeschichte von Peter Pan

- Buch *Imagineering – A Behind the Dreams Look at Making More Magic Real* von The Imagineers (für echte Fans).

Weiterführende Links im Ent-Net (Internet)

- *www.dein-dlrp.de* Größte deutschsprachige Community, die mit viel Liebe betreut wird. Aktuellere Informationen gibt es kaum

- *www.disneylandparis.de* Offizielle Website Disneyland® Resort Paris, deutsche Version

- Podcast *Mausgebabbel* – hörenswerter Podcast, der regelmäßig über News aus Disneyland Paris berichtet und gerne einen Blick über den großen Teich wirft

- Podcast *Feenstaub & Mauseohren* - ebenso hörenswerter Podcast zu aktuellen Disney Filmen sowie zu News und Hintergrundinformationen rund um die Disney Resorts weltweit

Disney Resorts weltweit

Disneyland® Resort Paris ist der einzige Disney®-Themenpark in Europa. Weltweit gibt es insgesamt sechs Resorts, die sich auf den nordamerikanischen und den asiatischen Markt fokussieren:

Nordamerika	Disneyland® Resort Anaheim, Kalifornien (1955)	Walt Disney World Resort Orlando, Florida (1971)
Japan	Tokyo Disney Resort (1983)	
Europa	Disneyland® Resort Paris (1992)	
China	Hong Kong Disneyland® Resort (2005)	Shanghai Disney Resort (2015)

Nach der Eröffnung des Disney® Resorts in Shanghai ist vorerst kein neues Resort in Planung, auch wenn sich Gerüchte über eine weitere Expansion auf dem chinesischen Markt hartnäckig halten.

Walt Disney – Genie und Visionär

"It was all started by a mouse."[13]

Ohne ihn und seine visionären Ideen würde es heute keines der Disney®-Resorts geben: Walter Elias Disney (1901-1966) ist die Vergangenheit, Gegenwart und Zukunft von Disney®. Mit seinen Ideen und Visionen schuf er etwas Einzigartiges, das schon zu seinen Lebzeiten zukunftsweisend war. Es ist dieses Streben nach Perfektionismus, das Disney®-Produktionen und -Produkte bis heute auszeichnet und Maßstäbe setzt. Er selbst wusste schon früh, wohin ihn sein beruflicher Weg führen sollte. Zu Beginn selbst noch Zeichner, erkannte er schnell, dass er für perfekte Leistung die Besten ihres Faches engagieren musste, damit die Werke seinen eigenen hohen Ansprüchen genügen konnten. Zusammen mit seinem Bruder Roy Disney® erschuf er auf den Schultern einer kleinen Maus ein Imperium, das bis heute Milliardenumsätze generiert.

Walt Disney hat den Trickfilm aus seiner Nische befreit und mit dem ersten abendfüllenden Zeichentrickfilm *Schneewittchen und die sieben Zwerge* aus dem Jahr 1937 Filmgeschichte geschrieben. Bis heute gelten Disney®-Produktionen als Garant für hochwertige Zeichentrick- und Animationsfilme, die wie früher weltweit ein großes Publikum begeistern.[14]

Mit den Vergnügungsparks hat Walt Disney Orte erschaffen, an denen kleine und große Menschen ihre Sorgen und Nöte für die Dauer ihres Aufenthalts vergessen können. Sich selbst hat er mit dem Bau des ersten Disney®-Themenparks in Anaheim, Kalifornien, einen Traum erfüllt

---

13   Dokumentarfilm „Walt Disney - Der Zauberer", Dokumentarfilm, USA 2015
14   vgl. Dokumentarfilm „Walt Disney - Der Zauberer", Dokumentarfilm, USA 2015

Bis bald! Au revoir!

und hatte bis zu seinem Tod eine ganz besondere Verbindung zu *seinem* Freizeitpark. Zeitweise wohnte er mit seiner Familie dort sogar – in einer Wohnung über der Feuerwache am *Town Square.* Seine Anwesenheit wurde durch eine eingeschaltete, gut sichtbare Lampe im Fenster angezeigt. Bis heute wird diese Lampe nie gelöscht, um zu symbolisieren, dass Walt Disney® und seine visionären Ideen im Park auch heute noch allgegenwärtig sind.

Zur Autorin und der Entstehungsgeschichte des Reiseführers

Nina Friedrich lebt und arbeitet in der Nähe von Darmstadt. Wenn sie sich nicht gerade in Frankreich oder einem anderen schönen Land dieser Erde aufhält, ist sie als Spezialistin für Gleichstellung und Vielfalt in einem Energieversorgungsunternehmen tätig. So vielfältig wie diese Tätigkeit sind auch ihre privaten Interessen: Neben „quack"igen Kinderbüchern, spannenden Kurzgeschichten und einem regionalen Krimi entstand in jahrelanger Recherchearbeit der vorliegende Reiseführer, der die totale Begeisterung der Autorin für das Disney-Resort vor den Toren von Paris widerspiegelt.

Die Leidenschaft für Disney wurde ihr in die Wiege gelegt und mütterlicherseits zeitlebens gefördert. So stand bereits in jüngsten Lebensjahren ein Besuch in Walt Disney World Resort in Orlando an, während von einem Besuch des ursprünglichsten Disneyparks in Anaheim, Kalifornien, noch geträumt wurde.

Bis dieser Wunsch im Jahr 2008 endlich in Erfüllung ging, wurden Disney®-Themenparks durch die Eröffnung in Frankreich im Jahr 1992 nun erheblich einfacher erreichbar. Seitdem geht es mehrmals im Jahr nach Disneyland® Paris, entweder mit Mutter, Ehemann oder Freunden, um der gemeinsamen Leidenschaft zu frönen. Hin und wieder stehen auch Besuche in den amerikanischen Disney®-Parks auf dem Programm, wobei Disneyland® Paris nach wie vor der Disney®-Park Nummer eins für die Autorin ist. Wenn es auch in Disneyland® Paris eine Suite im Schloss wie im Cinderella Castle in Walt Disney World gäbe, wäre das Resort für die Autorin perfekt, denn ihrer Meinung nach ist das Pariser Disney®-Schloss das schönste Schloss aller Disney®-Resorts weltweit.

Wenn neben all dem noch Zeit bleibt, ist Nina Friedrich mit der Kamera auf Motivsuche. Und dann sind da noch die Meerschweinchen sowie die adoptierten, leicht mürrischen Katzen des reisebegeisterten Ehepaares. Die Vierbeiner ziehen es jedoch vor, nicht mit auf Reisen zu gehen, sondern bleiben betreut im heimischen Fachwerkhaus des Paares und warten auf neue Geschichten.

Ein besonderer Dank geht in dieser Neuauflage an die Disney-Freunde und die Familie der Autorin, die für Fotos posiert haben.
Bei Fragen und Anregungen wenden Sie sich gerne an die Autorin!